山东大学(威海)马克思主义学科建设成果文库

山东省社会科学规划研究项目(16CKSJ14)

高校思想政治理论课供给侧改革研究

张磊　著

山东大学出版社

图书在版编目(CIP)数据

高校思想政治理论课供给侧改革研究/张磊著.—
济南:山东大学出版社,2019.7
ISBN 978-7-5607-6376-7

Ⅰ.①高… Ⅱ.①张… Ⅲ.①高等学校－思想政治教育－教学研究－中国 Ⅳ.①G641

中国版本图书馆 CIP 数据核字(2019)第 146361 号

责任编辑:谭学秋
封面设计:张　荔

出版发行:山东大学出版社
社　　址　山东省济南市山大南路 20 号
邮　　编　250100
电　　话　市场部(0531)88363008
经　　销:新华书店
印　　刷:济南华林彩印有限公司
规　　格:700 毫米×1000 毫米　1/16
13 印张　225 千字
版　　次:2019 年 7 月第 1 版
印　　次:2019 年 7 月第 1 次印刷
定　　价:38.00 元

目录

引 言

一、研究背景

青年是整个社会中最富有朝气、最富有活力、最富有梦想的群体。习近平主席指出:“中国共产党从来都把青年看作是祖国的未来、民族的希望,从来都把青年作为党和人民事业发展的生力军,从来都支持青年在人民的伟大奋斗中实现自己的人生理想”,“青年一代有理想、有担当,国家就有前途,民族就有希望,实现我们的发展目标就有源源不断的强大力量”。[①] 青年兴则国家兴,青年强则国家强。党和国家高度重视青年的思想政治教育工作。高校思想政治理论课是培养中国特色社会主义事业合格建设者和可靠接班人,落实立德树人根本任务的主渠道和重要途径。高校思想政治理论课是大学生的必修核心课程,是对大学生进行马克思主义理论教育、中国特色社会主义理论与实践教育、思想道德教育和法治教育的重要途径,有助于帮助大学生树立正确的世界观、人生观、价值观,体现了社会主义大学的本质要求。高校思想政治理论课能

---

① 习近平:《在同各界优秀青年代表座谈时的讲话》,新华网,2013 年 5 月 4 日,http://www.xinhuanet.com/politics/2013-05/04/c_115639203.htm。

否办好，能否入脑入心，事关中国特色社会主义事业后继有人，事关实现中华民族伟大复兴的中国梦。在党中央坚强领导下，各部门和各地各高校认真实施新课程新方案，采取了一系列重大举措，全面加强和改进思想政治理论课，思想政治理论课建设在学科、教材、课程实效、师资、体制机制等方面都取得了丰硕的成果。

近年来，由于全球经济持续低迷，加之我国经济增长方式逐渐显现出各种问题，我国经济的结构性分化日趋明显，供需关系面临结构性失衡，中低端供给产品过剩，高端产品供给不足，供给与需求不配套。2015 年 11 月 10 日，中共中央总书记、国家主席、中央军委主席、中央财经领导小组组长习近平主持召开了中央财经领导小组第十一次会议，研究经济结构性改革和城市工作，提出着力加强供给侧结构性改革。2016 年 1 月 27 日，习近平在中央财经领导小组第十二次会议上对于供给侧改革进行了全面的诠释。他指出，要在适度扩大总需求的同时，去产能、去库存、去杠杆、降成本、补短板，从生产领域加强优质供给，减少无效供给，扩大有效供给，提高供给结构适应性和灵活性，提高全要素生产率，使供给体系更好适应需求结构变化。① 2017 年 10 月 18 日，习近平总书记在十九大报告中指出，深化供给侧结构性改革，建设现代化经济体系，必须把发展经济的着力点放在实体经济上，把提高供给体系质量作为主攻方向，显著增强我国经济质量优势。② 此后，许多领域都提出供给侧结构性改革。我国正处于高等教育大国向高等教育强国迈进时期，资源配置方式、模式制度等都存在结构性问题，教育发展处于不均衡状态，资源配置、硬件设置、课程教学模式、办学体制、管理评价体制等都需要进行改革，从而满足国家建设需要、社会发展需要和个人发展需求。作为用先

① 参见《习近平主持召开中央财经领导小组第十二次会议讲话》，人民网，http://cpc.people.com.cn/n1/2016/0127/c64094-28087356.html，2016-1-27。

② 参见习近平：《决胜全面建成小康社会 夺取新时代中国特色社会主义伟大胜利——在中国共产党第十九次全国代表大会上的报告》，载《人民日报》2017 年 10 月 28 日。

进的思想武装学生头脑的主渠道主阵地，高校思想政治理论课急需引入供给侧改革的理念和思维。当前，由于受到供给主体理念滞后、精神倦怠、素质参差、能力不足，教育对象独立、个性、自我、明辨力差，课程内容陈旧、重复、同质、脱离实践，教学方式简单、呆板、僵化、易受性差，供给环境疏离、虚化、缺乏保障和落实等方面的影响，高校思想政治理论课效果差强人意。从供给产品——课程粘合力、供给内容——课程吸引力、供给模式——课程的接受性、供给方式——课程的时效性、供给介体——渠道的拓展率、供给主体——教师示范力等方面来看，高校思想政治理论课教育教学中仍存在"主观式、臆测式、游离式、脱节式、守旧式、独唱式"等问题。思想政治理论课教学需要运用大数据准确地把握学生思想行为动态，针对思想政治理论课无效和冗余供给的现实问题，结合学生对教育接受和消费方式，围绕课程结构、教学模式、教学资源、生态、环境等方面，从调整供给结构入手，通过改革课程模式、课程内容、供给方式，进而提高供给的精准度和质量，增强课程吸引力、亲和力，使其成为学生真爱，发挥其立德树人主渠道、主阵地作用。

二、国内外思想政治教育研究现状

国外的思想政治教育相对隐蔽，没有"思想政治教育"这一概念，也没有我国这样独立的学科体系和课程，但各国十分重视思想、道德等方面的教育，将相关理念和内容渗透在相关学科和社会活动中。各国对思想、道德等方面教育的名称不一，如美国、法国称之为"公民教育"，英国称之为"道德教育"，德国称之为"政治宗教教育"，新加坡称之为"生活教育"。不管称呼如何，各国都在本国历史、文化、制度的基础上探索符合本国实际的思想、道德等方面的教育。20 世纪以来，认知发展理论（皮亚杰、科尔伯格等）、人本主义理论（罗杰斯）、社会学习理论（班杜拉）、价值澄清模式（拉斯思、哈明）等道德教育理论和模式的提出与实践，使国外高校思想、道德等方面的教育理论和实践不断发展和完善，体现出综合性、时代性、实用性等发展趋势，更加突出体验性、多样性、适应性和渗透性相结合的特点。近些年，由于网络科技、传播媒介的快速发展，通过网络传播意识形态和价值观的方式扩大影响力，更是国外的一大发展趋势，研究者有卡斯特、戴森、摩尔等。而关于供给侧结构改革的问题，都集中在经济领域，主要观点是强调供给会自动创造需求，国家应该从供给着手推动经济发展。增加生产和供给首先要减税，以提高人们储蓄、投资的能力和积极性。其重点在于减税，过分突出税率的作用，并且思想方法比较绝对，只注重供给而忽视需求，只注重市场功能而忽视政府作用。

近年来，国内高校思想政治理论课建设经历了由表及里、不断完善、逐渐深化的发展历程，教育教学体系建设初见成效，教学方法日趋多样，教学内容更加丰富，教学延展平台和资源整合愈加有力，队伍规模、结构不断优化，保障政策不断完善，教学效果改善明显，学生学习兴趣和满意程度逐步提升。围绕“如何设计出大学生真心喜爱并能终身受益的高校思想政治理论课”，学界主要从教育理念、教学内容、教学方法、教学质量提高、教师队伍建设等方面进行了探索、改革和实践。

教学理念方面，学界达成了共识，将“立德树人”作为学科建设和课程建设、改革的理念、要旨。张澍军尤其从“立德树人”深邃内涵出发，阐释思想政治教育学科建设负有的“强化德育教育，学科创新发展”的重要使命。①

教学内容上，尤其要加强由教材体系向教学体系转换。陈秉公、陈锡喜、卢黎歌、吴潜涛等学者在教学体系向教材体系转化的必要性、规

① 参见张澍军：《论“立德树人”根本任务与思想政治教育学科建设使命》，载《思想教育研究》2013年第7期。

律、原则和路径等方面进行了研究。[①] 随后，骆郁廷等学者又对马克思主义理论体系转化为课程体系、课程体系转化为教学体系、教学体系转化为学生思想信仰体系等重重转化问题进行了研究，强调价值信仰在转换中的主线作用。[②] 这都为教学内容的设计提供了路向。

教学方法上，王天恩、李梁等学者都对问题式教学法进行了探索和实践，提出基于问题而设计教学逻辑体系和内容。[③] 案例式教学是高校思想政治理论课中都广泛使用的一种方法，以杨慧民为代表的大连理工大学的学者对案例教学的课型、原则、标准等进行了研究，形成了行之有效的一套课程体系。[④] 专题式教学是教材体系向教学体系转换的有效载体，是将教材协同化整合以后通过科学设定专题的形式讲授给学生，主题更加鲜明，重点突出。以郭凤志和张澍军为代表的东北师范大学的学者们设计了专题教学的思路，充分考虑重点突出与整体兼顾原则，出版

① 参见陈秉公:《试论思想政治理论课教材体系向教学体系转化的规律性》，载《思想理论教育导刊》2008 年第 9 期；陈锡喜:《方法・智慧・德性——论思想政治理论课教材体系向教学体系的有效转换》，载《思想理论教育》2010 年第 5 期；卢黎歌:《试论高校思想政治理论课教材体系向教学体系的转化》，载《教学与研究》2009 年第 11 期；吴潜涛:《把握好教材修订内容 有效实现教材体系向教学体系转化》，载《思想理论教育导刊》2015 年第 10 期。

② 参见骆郁廷:《高校思想政治理论课建设的规律性初探》，载《思想理论教育导刊》2007 年第3 期。

③ 参见王天恩:《问题逻辑与思想政治理论课教学》，载《思想理论教育》2011 年第 11 期;《问题反馈式思想政治理论课教学模式探索》，载《思想理论教育》2012 年第 1 期；李梁:《问域和答域:基于问题逻辑的思想政治理论课教学研究》，载《思想理论教育》2011 年第13 期。

④ 参见杨慧民:《高校思想政治理论课案例教学操作模式探析——以“一切从实际出发”教学内容为课例》，载《思想理论教育导刊》2010 年第 11 期;《高校思想政治理论课教学案例多媒体化呈现的创新设计》，载《思想理论教育导刊》2007 年第 3 期;《关于编写〈高校思想政治理论课案例教学课例研究〉的几点思考》，载《思想理论教育导刊》2012 年第 10 期。

了专著,并付诸实践,效果显著。[①] 此外,王炳林、袁本文、范丹卉、鄢奋等学者还探索了互动式教学、探究式教学、参与式教学等方法的创新。[②]

课程模式上,主要有微课、慕课、翻转课堂、混合式教学模式。慕课背后隐含着对马克思主义意识形态和社会主义核心价值观教育的冲击,极易弱化课堂教学效果,同时对于教师的素质提出挑战和考验。同时,慕课以其开放性、共享性、个性、即时性、自主性、交互性特点更易受到学生的欢迎,且其更趋于回归教育本质、更人性化,质量更高,更利于解决教育不公平的问题。如何应对挑战,规避风险,提出对策和路径,学者都在进行探索。艾四林提出,要以开放的、理性的态度和创新的勇气对待慕课,既不将慕课绝对化、教条化,也不应采取等待观望、怀疑甚至抵触的消极态度,要在充分考虑到思想政治理论课自身特殊性的前提下,先采用混合式教学模式,适应时代,推进高校思想政治理论课教育教学上新台阶。[③] 李梁从审视与思考思想政治理论课教学改革的现实及其未来的高度,探索一条结合教学环境、技术、对象等变化,围绕教学理念、模式、教师专业发展等方面,进一步深化教学改革,推进发展的创新之路。[④] 也有学者认为慕课不利于高校思想政治理论课改革和发展。例如,顾钰

---

① 参见郭凤志、张澍军:《思想政治理论课教学改革研究与实践》,沈阳出版社 2013 年版。

② 参见王炳林:《改进教学方法 增强"概论"课教学的实效性——讲授"毛泽东思想、邓小平理论和'三个代表'重要思想概论"课的做法与体会》,载《思想理论教育导刊》2007 年第 10 期;袁本文:《互动式教学是提升思想政治理论课实效的重要支点》,载《北京教育·德育》2012 年 Z1 期;范丹卉、袁本文:《互动式教学法优化高校思想政治理论课教学的实现机理》,载《思想教育研究》2011 年第 5 期;袁本文、范丹卉:《主体差异性对思想政治理论课互动式教学效果的影响——基于"毛泽东思想和中国特色社会主义理论体系概论"课程的实证研究》,载《思想理论教育导刊》2011 年第 5 期;鄢奋:《高校思想政治理论课参与式教学方法的设计原则》,载《思想理论教育导刊》2013 年第 3 期。

③ 参见艾四林:《慕课:高校思想政治理论课的机遇与挑战》,载《北京教育·德育》2014 年第10 期。

④ 参见李梁:《"慕课"视域下深化思想政治理论课教学改革的若干思考》,载《思想理论教育导刊》2014 年第 12 期。

民对慕课模式进行了思考，提出要以提高教学效果和强化队伍建设来衡量教学改革是否成功。① 其他的学者主要从微课、翻转课堂、混合式教学视角在高校思想政治理论课教学模式创新、拓展教材资源、课堂教学与实践教学结合、传播中国文化拓展教育阵地、整合教学资源、构建教学环境、优化教学生态、增强实效性等方面提出了相关策略，主要文献有：李梁的《关于高校思想政治理论课"微课程"教学的若干思考》（载《思想理论教育》2014 年第 3 期），刘震和曹泽熙的《"慕课"时代思想政治理论课的挑战和机遇》（载《思想理论教育导刊》2014 年第 11 期），杨志超的《高校思想政治理论课混合式教学模式的建构路径探析》（载《思想教育研究》2016 年第 6 期），李素芳、徐华伟的《刍议 MOOC 对高校思想政治理论课教学的影响》（载《思想政治教育研究》2015 年第 4 期），陈媛的《高校思想政治理论课"翻转课堂"的理论阐释与实践反思》（载《思想理论教育导刊》2015 年第 12 期），徐蓉的《慕课与思想政治理论课教学生态的优化》（载《思想理论教育》2014 年第 5 期），叶承芳的《MOOC 对思想政治理论课教学的挑战与启示》（载《思想教育研究》2015 年第 2 期）等。

实践教学方面，学者们分别从高校思想政治理论课以及其分属的五门课进行了实践教学策略、原则、体系、方式等方面的探讨。如黄蓉生、孙楚杭的《构建高校实践育人长效机制的思考》（载《中国高等教育》2012 年 Z1 期）中提出构建高校实践育人的长效机制是高校实践育人的核心命题，也是推动高校实践育人科学发展的关键所在，并从探索"四要素"推进工作模式、健全行之有效的管理制度、建立细分共享的稳定基地和形成缤纷多彩的活动格局四个方面论述了长效机制建立的基本策略。佘双好的《构建与课堂教学相互促进的思想政治理论课实践教学体系》（载《思想理论教育导刊》2015 年第 11 期）从构建包含实践教学的课程教学观念、建立校内实践教学体系、建立校外社会实践活动教学体系、建立

① 参见顾钰民：《高校思想政治理论课改革"慕课热"以后的"冷思考"》，载《思想理论教育导刊》2016 年第 1 期。

实践教学的有效机制方面探索构建与课堂教学相促进的实践教学体系等。

在提高教学质量、增强课程实效性方面成果显著。代表性著作有顾海良的《高校思想政治理论课程建设研究》(中国人民大学出版社2016年版)、阎占定等的《高校思想政治理论课实效性研究》(华中师范大学出版社2010年版)、骆郁廷的《高校思想政治理论课教学评价新探》(中国社会科学出版社2011年版)等。论文方面更是不胜枚举。黄蓉生的《着力增强大学生思想政治教育的针对性实效性》(载《思想理论教育导刊》2015年第4期)着力于理想信念教育、培育和践行社会主义核心价值观、思想政治理论课主渠道、日常思想政治教育主阵地,增强大学生思想政治教育针对性实效性。曲建武和张雪飞的《增强思想政治理论课教学实效性的新思考》(载《思想理论教育导刊》2010年第5期)在教师队伍、教学方式和社会实践方面论述了辽宁省的探索;王树荫和石亚玲的《论提升思想政治教育的着力点》(载《思想理论教育》2015年第7期)从理论的彻底性、对象的针对性和教育者的先进性三个方面论述提升思想政治教育质量问题。

在教师队伍建设方面,学者多从师德、专业素质、能力、制度等方面进行论述。代表性文献有:黄蓉生、李栋宣的《高校思想政治理论课教师"四有特质"时代论析》(载《思想理论教育导刊》2015年第12期),顾钰民的《完善教学人才培养培训关键在于制度创新》(载《思想理论教育导刊》2015年第2期),顾海良、张雷声的《改革开放以来高校思想政治理论课教师队伍建设概论》(载《教师教育学报》2014年第1期),陈大文、刘一睿的《高校思想政治理论课教师队伍建设若干保障制度解读》(载《思想理论教育》2009年第1期),等等。

三、供给侧视域下高校思想政治理论课研究现状

2015年11月10日，习近平总书记在中央财经领导小组会议上针对经济结构性改革首次提出“供给侧结构改革”。此后，被广泛热议和关注。截至2018年4月3日，笔者通过中国知网，以主题词“思想政治”并“供给”进行检索，检索出242条，相关度较高的有53条。侍旭较早地在《光明日报》(2016年3月16日第16版“理论·实践”栏)发表《高校思政教育也应有“供给侧改革”思维》一文，提出了思想政治教育“供给侧改革”思维的概念，并从供给主体、供给内容、供给方式、供给途径和供给环境等方面提出了有针对性的建议。袁媛在《供给侧变革：少数民族大学生思想政治教育的基本策略》(载《贵州民族研究》2016年第3期)一文中主要针对少数民族大学思想政治教育提出了供给侧变革，从寓民族性于政治性、寓实用性于理想性、寓交互性于教育性、寓生活性于显性提出改革策略。汤涛《略论供给侧改革视野下高校思想政治教育的协同创新》(载《学校党建与思想教育》2017年第2期)认为，供给侧改革与高校思想政治教育之间有着某种内在统一的逻辑关系，并历史地赋予其新的内涵，要求优化结构，完善教育工作者知识储备，提供优质的可供选择的菜单，改进教育方式和方法，加强教育者与受教育者之间的良性互动，并从优化教育结构，增强引领性、有效性、精准性供给方面推进高校思想政治教育协同创新的供给侧改革。冯刚《增强高校思想政治教育持续发展的内生动力》(载《中国高等教育》2017年Z1期)论述了增强高校思想政治教育持续发展的方向、态度，探究了激发思想政治教育持续发展的内生动力：创新体制机制，优化结构，增强文化蕴含，借助多学科理论和方法。王学俭、杜敏《高校思想政治教育供给侧改革探讨》(载《思想理论教育导刊》2017年第6期)针对思想政治教育供给问题作了深入思考和阐述，提

出高校思想政治教育供给侧主要包括思想产品供给和教育服务供给两个方面。当前,高校思想政治教育的思想产品供给存在着命题集合的自洽性和延展性失当、学术共识与学术论争失调、学术影响力不够等问题,教育服务供给存在着供需错配、教育者素质体系与信息变革不适应、迎合式“打折促销”等问题。高校思想政治教育供给侧改革的推进一方面要强化理论自觉,树立理论自信,抢占理论制高点,锻造思想产品的核心竞争力;另一方面要实现教育服务供给的个性化、细致化和精准化,确立教育者相对优势的理念,打造立于科学达于艺术的精品课程,提升教育服务的思想引领力。

在思想政治理论课供给侧改革方面,马静《供给侧视域下思想政治理论课教学改革的双重维度》(载《教育评论》2016 年第 10 期)认为,长期以来,思想政治理论课教学供给与需求的失衡,需求侧思路下的思想政治理论课教学效果欠佳。那么,从供给侧发力,提升思想政治理论课的教学亲和力,要着力树立多元主体共治理念,提升供给主体政治素养与业务能力;盘活教学内容,优化教学增量;创新教学方式方法;建设绿色教学环境。张宝君《“精准供给”视域下高校思想政治理论课教学现实反思与策略》(载《思想理论教育导刊》2017 年第 8 期)以“精准供给”为视角,提出高校思想政治理论课作为高校人才培养的核心课程,必须坚持以问题和学生个性化、多样化需求为导向,在对思想政治理论课教学供给生态、模式、方式、资源四个方面存在问题进行深刻反思的基础上,从营造新生态、构建新模式、巧用新载体三个方面深化思想政治理论课结构改革,从而全面提高供给的精准度。孙英《高校思想政治理论课教学供给侧改革论析》(载《思想理论教育导刊》2017 年第 5 期)以概念分析切入,厘清主客体之间、教材供给同一性与学生需求差异性、思想引导与坚守底线三对供给要素之间的关系,建议以学生为本,遵循教学供给规律,强化供给思维问题意识以及知识供给与实践供给协同为基本实践理路。

国内研究成果颇丰，提出了许多具有建设性、前瞻性、时代性和针对性的建议和策略，为高校思想政治理论课建设研究与实践提供了理论依据和现实支撑，但还存在一些不足之处，本书从梳理“供给侧”“精准供给”“思想政治教育供给侧”内涵及相关概念出发，对课程缺乏“精准”的问题及影响要素进行调研和分析，拟提出构建思想政治理论课“精准供给”的新模式，以期为提高思想政治理论课针对性和实效性贡献一份力量。

四、选题意义

1. 国家高等教育“立德树人”根本任务的必然要求

习近平总书记在党的十九大报告中指出：“建设教育强国是中华民族伟大复兴的基础工程，必须把教育事业放在优先位置。”“要全面贯彻党的教育方针，落实立德树人根本任务……培养德智体美全面发展的社会主义建设者和接班人。”[①]实现民族伟大复兴的中国梦，离不开教育这项基础性工程的建设。科技强国、创新强国，最根本还在于人才强国，而人才素质的灵魂是德。有德之人有“天下兴亡，匹夫有责”的爱国情怀，危难之时能够“以身许国，精忠报国”；有德之人有时代担当，肩负使命，心中有责，无私奉献；有德之人有奋斗精神，爱岗敬业，无私奉献。国家的发展与建设、民族的复兴、人民的幸福，需要千千万万这样有德之人。高校肩负着培养有德之人的历史使命，高校思想政治理论课是对高校学生进行思想政治教育的主阵地主渠道。围绕“立德树人”这个根本任务，

① 习近平：《决胜全面建成小康社会　夺取新时代中国特色社会主义伟大胜利——在中国共产党第十九次全国代表大会上的报告》，载《人民日报》2017 年 10 月 28 日。

思想政治理论教学需要供给侧改革思维和实践。

2. 加强高校思想政治工作的必然要求

2016年12月，习近平总书记在全国高校思想政治工作会议上指出："高校思想政治工作关系高校培养什么样的人、如何培养人以及为谁培养人这个根本问题。"他强调："要把立德树人作为中心环节，把思想政治工作贯穿教育教学全过程，实现全程育人、全方位育人。"①高校始终坚持马克思主义指导地位，进行社会主义思想政治教育，是国家高等教育的特色和优势，也是高等教育办学的方向与内在灵魂的要求，是实现"中国梦"的思想基础。2017年12月7日，中共教育部党组印发《高校思想政治工作质量提升工程实施纲要》，指出："充分发挥中国特色社会主义教育的育人优势，以立德树人为根本，以理想信念教育为核心，以社会主义核心价值观为引领，以全面提高人才培养能力为关键，强化基础、突出重点、建立规范、落实责任，一体化构建内容完善、标准健全、运行科学、保障有力、成效显著的高校思想政治工作质量体系，形成全员全过程全方位育人格局，切实提高工作亲和力和针对性。"高校思想政治工作作用重要、任务重大，新形势下，加强高校思想政治工作，是党和国家教育工作中的重中之重，是办好中国特色社会主义高校的必然要求，是培养合格、可靠的社会主义建设者和接班人，担当民族复兴大任的筑梦人的必然要求。做好高校思想政治工作，要用好课堂教学这个主渠道，高校思想政治理论课要坚持在供给侧改革中不断加强，不断提升有效性和针对性，贴近学生生活，紧跟时代脚步，不断满足学生成长发展需求。

---

① 习近平：《把思想政治工作贯穿教育教学全过程　开创我国高等教育事业发展新局面——在全国高校思想政治工作会议上的讲话》，2016年12月8日，新华网，http://www.xinhuanet.com/politics/2016-12/08/c_1120082577.htm。

3.思想政治教育适应新形势的必然要求

互联网和信息技术的发展催生了一个大规模生产、存储、共享、应用数据的大数据时代的到来，这无疑给高校思想政治理论课带来了新挑战和新机遇。如何应对挑战、抓住机遇促进思想政治理论课改革创新，越来越多的学者开始思考，并探讨将网络信息技术和新媒体应用于思想政治理论课的方法、模式，且不断实践。清华大学和上海大学等高校就形成了以信息技术、网络平台、新媒体嵌入思想政治理论课的慕课和线上线下混合教育教学模式，影响非常广泛，并受到学生的广泛认同和喜爱。另外，由于“互联网+”时代的开启，人们的生活方式、交往方式、思维方式都发生了变化。当今高校大学生已经全面进入“97后时代”，2018年9月高校大规模迎来第一批“00后”大一新生，他们是网络时代的原住民，是体验者和拥护者，他们思维活跃、求新求变，且其获取知识和信息的途径更加多元，教师并不是唯一途径。面对思想政治教育的新环境、新态势和教育对象的新特征，思想政治理论教学供给一侧需要紧跟变化，强化供给端(教师)对需求变化的适应性、灵活性，针对需求侧(学生)思想、心理、行为等特点，在不断调整改进中适应新形势、满足新要求，从调整思想政治教育结构入手，提高思想政治理论课程——产品的质量。

4.解决思想政治教育无效、冗余供给的必然要求

王学俭教授等对于当前思想政治教育供给侧问题分析得比较透彻，高校思想政治教育教材体系具有高度概括性、严谨性、规范性，而学生需求却是多元、复杂的，教材体系和教学体系转化不够平滑，内容适应性和灵活性不够，供给能力有待提高。同时，教育主体对当今教育环境、信息变革适应性较差，素质和能力有待加强。① 总之，在教育产品的精准性、教育内容的易受性、教育模式的科学性、教育方式的创新性、教育介体的

① 参见王学俭、杜敏:《高校思想政治教育供给侧改革探讨》，载《思想理论教育导刊》2017年第6期。

灵动性、教育主体的示范性等方面,高校思想政治理论课教育教学中存在“主观式、臆测式、游离式、脱节式、守旧式、独唱式”等问题,供给问题背后存在着教育者理念滞后、精神倦怠、素质参差、能力不足,教育对象独立、个性、自我、明辨力差,课程内容陈旧、重复、同质、脱离实践,教学方式简单、呆板、僵化、易受性差等方面不容忽视的影响要素。思想政治理论教学急需解决这些问题,减少无效和低端供给,提高课程供给的针对性、有效性和精准性,提升思想政治理论课程的可受性、灵活性,全面提高思想政治理论课程对培养思想政治素养过硬、道德品质高尚、遵纪守法的社会主义事业的建设者和接班人的贡献度。

五、研究思路、研究方法及创新点

(一)基本思路

1.概念界定。本书理论研究的核心概念是:供给侧、教育供给侧、思想政治教育供给侧。在理论研究中,需要对三个概念进行进一步界定,为研究提供理论基础,奠定逻辑起点。

2.原则与理念分析。对高校思想政治理论课供给侧改革遵循的原则与坚持的理念进行分析与确定,为研究寻找立足点。

3.把握特征总结分析。要对高校思想政治理论教学供给问题进行探讨,通过文献收集、调查问卷、访谈等方式,立足高校学生思想、情感、行为等特点和实证调研,剖析高校思想政治理论课存在的问题及影响要素,为研究找准问题和出发点。

4.框架建构。通过分析高校思想政治教育存在的问题及影响要素,围绕学习模式、课程模式、实践模式、话语模式、队伍培养模式等方面探寻高校思想政治理论课供给侧改革构架设计,为研究确定关键点。

(二)具体方法

1.文献研究法。文献研究法,即是对既存的文献、资料、研究进行收集、整理和分析,力图发现现象、探究事物本质和规律的研究方法。此方法有利于研究者了解以往的研究情况,同时也可以避免重复劳动,以便提高研究效率和研究质量。本书主要对于国家相关政策文件、中外文全文数据库、国内外会议论文、报纸等文献资料进行整理、分类,将其中具有代表性的观点、见解和理论进行归纳总结,对于高校思想政治教育供给侧相关概念以及现状、问题和相关经验做法进行提炼升华。

2.问卷调查法。围绕供给产品、供给内容、供给模式、供给方式、供给介体、供给主体等方面从供给侧和需求侧双主体出发对高校大学生思想行为现状以及思想政治理论课现状和存在的问题进行调研分析,采用问卷调查的研究方法,为研究奠定现实依据,在此基础上探究供给侧改革的架构和策略。

3.因果分析及综合研究。在问卷调查的基础上,对数据进行分析,从而对高校思想政治理论课现状及其存在的问题、原因和影响因素进行事实描述和理论分析。

4.逻辑推理。联系实际进行理论研究,根据实际调研情况和理论研究情况设计思想政治理论课供给架构及实践路径。

5.行动研究。选择不同地区和高校进行实践应用,搜集反馈意见,以检验和修正研究成果。

(三)创新点

1.本研究选择了经济领域“供给侧”这一术语作为分析视角,探究高校思想政治理论课改革的新思维、新理念、新载体和新方向。

2.本研究采用跨界研究思维模式,用文献研究和实证研究厘清概念、明确问题,用因果分析及综合研究提出策略,运用行动研究法对结论进行检验和修正。

3. 本研究改革框架建构后选取不同地区和高校进行实践应用，同时搜集反馈意见，不断强化优势因子修正弱势因素，形成可以借鉴和推广的模式和体系，所以可操作性和可借鉴性较强。

第一章 高校思想政治理论课供给侧改革内涵

“供给侧”“供给侧结构性改革”“高等教育供给侧结构性改革”“高校思想政治理论课供给侧改革”等概念，是本书研究的逻辑起点和研究基础，需要首先进行进一步梳理和界定。高校思想政治理论课供给侧改革有其自身独有的特征——科学性、系统性、多样性、融合性和有效性。

一、高校思想政治理论课供给侧相关概念界定

“供给侧”原是经济学术语，供给侧结构性改革有其经济来源。我国供给侧结构性改革旨在去产能、去库存、去杠杆、降成本、补短板，从生产领域加强优质供给，减少无效供给，扩大有效供给，提高供给结构适应性和灵活性，提高全要素生产率，使供给体系更好适应需求结构变化。

（一）供给侧、供给侧结构改革内涵

“供给侧”是经济学术语，指的是供给一方、供给主体，包括整合资源、创造价值和财富的企业，也包括供给制度和公共服务的政府。金海年在《供给侧改革的理论基础：新供给经济学》一文中指出，市场有三个核心功能：价值的反应机制和调节机制、竞争的效率提升和创新促进、优

胜劣汰的结构调整机制;政府也有三个核心功能:制度供给功能(权利界定、秩序规则和价值观体现)、外部性攻击(公共服务与税收、外部性调节、基础研究与教育、人性关怀)、收敛性调节(宏观调控、收入分配调节、危机应对等)。从供求关系的角度,供给者角色大到整个社会、民族和国家,小到市场的主体,还有政府和制度等。①

供给侧、供给侧结构改革,有其经济学理论来源。19 世纪初法国经济学家萨伊倡导的古典自由主义经济学思想是供给学派重要的思想来源,尤其是其"萨伊定理",即供给自动创造需求的理论,强调市场的绝对主体地位,政府应采取放任和不干预政策。然而,20 世纪 30 年代的资本主义经济大萧条,严重挑战着不干预、放任自由的经济政策。凯恩斯主义逐渐成为资本主义国家主要经济政策,即以需求管理为核心,强调国家对经济的干预和控制。1933 年的罗斯福"新政"及时通过一系列诸如整顿金融体系、政府对农产品的补贴、"以工代赈"、兴办公共工程、增加就业刺激消费、完善社会保险体制、改革行政机构等以需求管理为特征的政策,有效应对了美国经济危机。到了 20 世纪 70 年代,高失业率与高通胀率并存现象出现,使凯恩斯主义受到了质疑。以蒙代尔和拉弗等经济学家为代表的供给学派的观点得到重视,也成为里根政府政策的理论来源。里根政府支持市场自由竞争,放松政府对企业的管制,降低税收和公共开支等。我国当前的供给侧结构性改革与其不同,里根政策要抑制通货膨胀,我国通胀压力不大,但是结构性产能过剩比较严重,资源配置扭曲,供给不均衡,供给产品质量不高。里根政策手段突出的表现为减税(特别是针对富人阶层的减税)和放松管制,进而解决"滞胀"问题。而我国的供给侧结构性改革的核心是经济结构的调整和经济发展方式的转变,我国的供给侧结构性改革的理论基础是新供给经济学。② 新供

① 参见金海年:《供给侧改革的理论基础:新供给经济学》,载贾康主编:《供给侧改革理论实践与思考》,商务印书馆 2016 年版,第 361 页。

② 参见胡鞍钢等:《供给侧结构性改革——适应和引领中国经济新常态》,载《清华大学学报(哲学社会科学版)》2016 年第 2 期。

给经济学认为，需求和供给对于经济增长的作用是非对称的，是以需求为目的，从供给侧着手的理论。在经济增长中，需求是被动的，供给是主动的，供给是长期动力，需求是临时刺激，从供给侧思考，往往想法和观点更积极，更有建设性。比如，政府在供给一侧，就往往不会出现支出越多产出越大的悖论，而是讲究结构和机制得当、合理。[①] 我国供给侧结构性改革旨在调整经济结构，使要素实现最优配置，提升经济增长的质量和数量。需求侧改革主要有投资、消费、出口三驾马车，供给侧则有劳动力、土地、资本、制度创造、创新等要素。供给侧结构性改革，就是从提高供给质量出发，用改革的办法推进结构调整，矫正要素配置扭曲，扩大有效供给，提高供给结构对需求变化的适应性和灵活性，提高全要素生产率，更好地满足广大人民群众的需要，促进经济社会持续健康发展。

（二）高等教育供给侧结构性改革

经济供给侧结构性改革的核心在提高全要素生产，在全要素中，劳动力素质的提高是重要方面，教育是提高劳动力素质的最有效途径。教育供给质量的高低直接影响受教育者个性的发展，完成了教育后的受教育者成为劳动力，教育的好坏直接影响劳动力要素的优劣，因之，教育发展不仅关乎教育本身，更影响经济发展。[②]

教育领域同经济领域一样，也存在需求侧和供给侧。我国高等教育一直以来偏向需求侧改革，高校自本世纪初开始扩招。政府加大了对高校的投入，银行业向高校提供巨额贷款，支持高等教育规模化发展，于是高校纷纷买地扩校，大规模招收教职员工和学生，许多高校抓住政府改名升格的政策性支持，从专科升至本科，由学院升至大学。许多高校在扩招政策下逐渐发展起来，也让许多学生有上大学的机会。但是，这种

---

① 参见贾康主编：《供给侧改革理论实践与思考》，商务印书馆 2016 年版，第 361 页。

② 参见易雪琴：《教育供给侧改革应把握三个方面》，载《河南日报》2016 年 6 月 24 日。

需求侧的改革也带来了一些问题。

首先，教育结构存在失衡问题。在政府的政策扶持下，大量资源越来越向少数大学聚集，比如北京、上海等地的高校占据了高等教育的大部分资源，中西部高等教育发展远远落后于当地经济发展水平和当地人民对高等教育资源的需求。在以项目、工程为激励机制的导向下，建设高层次、综合性、研究型大学，越来越成为传统重点大学、一般地方院校甚至新建高等院校的办学目标，导致一些院校原有的应用型、技能型的传统优势专业边缘化或消失，高等职业教育和高等普通教育日趋同化，许多高等普通院校也在综合性、研究型大学的指挥棒下，补充设置专业，以达到综合性大学的办学目标，出现了高等教育"千校一面"的局面，专业设置同质化比较严重，缺乏自身特色，不能适应和满足经济社会发展对于人才和技术的需要。

其次，部分高校忽视对人才的培养。高校规模不断扩大，办学上求"高、大、全"，博士点硕士点越多越好，学校办学规模越大越好，学科门类越多越好。但是这就会导致部分高校只重量而忽视质、忽视内涵深厚的建设和发展。部分学校对于教学科研人员的要求多集中于拿项目、拿大项目，多发论文出著作，也即评价体系偏重以科研为中心。学校的声誉和排名会因科研成果的不断增加而不断提升，但是人才培养质量不高，对于所设置的专业培养方案、师资队伍等方面未能很好地研究和探索，加之专业学科同质化严重，大学生就业越来越难，就业率不高，就业质量不高，毕业生不能很好地满足用人单位的要求，甚至出现毕业就失业的现象。供给侧(高校)培养的人才没有很好地满足需求侧(社会)的需求。当然，就业率只是高校教育满足社会的一个方面。从教育的本质而言，高等教育要提高学生的综合素质。在我国，高校的首要功能是培养中国特色社会主义事业合格建设者和接班人，时代新人要担负起中华民族复兴的历史使命，因此，高校无论如何都应以培养德智体美劳高素质的人才为首要之务。然而，由于贪大求全，部分高等院校忽视了自身的首要功能和根本任务。

再次，高等教育普遍缺乏创新力。高校在评价体系中偏重科研方面，尤其是对于课题、论文的要求越来越高，高校教师为了评职称和完成聘期工作任务，将精力主要放在科研方面。即使如此，科研创新性也存在不足、匮乏的问题。由于外部要求和压力，不少学者不能心无旁骛地从事原创性、基础性的研究工作，论文的撰写以满足期刊的需求为准，申请项目、课题也是围绕应形势、短期可以结项并迅速带来社会和经济效益进行。如此，科研工作很难有重大突破，科研水平较低，重复性、同质性研究成果现象突出。国家投入了大量科研经费，而与经费相应的成果和成果的转化较缺乏。

习近平指出："高等教育发展水平是一个国家发展水平和发展潜力的重要标志。实现中华民族伟大复兴，教育的地位和作用不可忽视。我们对高等教育的需要比以往任何时候都更加迫切，对科学知识和卓越人才的渴求比以往任何时候都更加强烈。党中央做出加快建设世界一流大学和一流学科的战略决策，就是要提高我国高等教育发展水平，增强国家核心竞争力。"①新时期高等教育发展理念需要转变，由需求侧改革转向供给侧改革，更加注重质量，注重人才培养的质量和学术创新的质量。要在调整高等教育结构上下功夫，使教育资源合理、有序流动，加强高职教育，推进高职教育特色化、应用化，做精做强高等普通教育，以一流大学、一流学科建设作为建设目标。回归大学办学宗旨，以培养高素质、全面发展的人才衡量大学质量。高校应更加关注人才培养规划的完善、人才培养模式的形成、教育教学方法的创新、教师素质的提高等方面，改变以往以科研考核为主的评价机制，建立教学科研并重甚至以教学为主的考评机制。打破项目、论文唯数量论，更注重质量和创新性。

---

① 习近平：《把思想政治工作贯穿教育教学全过程　开创我国高等教育事业发展新局面——在全国高校思想政治工作会议上的讲话》，2016 年 12 月 8 日，新华网，http://www.xinhuanet.com/politics/2016-12/08/c_1120082577.htm。

二、高校思想政治理论课供给侧改革内涵与特征

高校思想政治理论课是培养中国特色社会主义事业合格建设者和可靠接班人、落实立德树人根本任务的主渠道和重要途径。作为用先进的思想武装学生头脑的主渠道和主阵地，高校思想政治理论课急需引入供给侧改革的理念和思维。

(一)高校思想政治理论课供给侧改革内涵

高校思想政治理论课是大学生思想政治教育的主渠道。思想政治理论课是大学生的必修课，是帮助大学生树立正确的世界观、人生观、价值观的重要途径，体现了社会主义大学的本质要求。“高校肩负着人才培养、科学研究、社会服务、文化传承创新、国际交流合作的重要使命。加强和改进高校思想政治工作，事关办什么样的大学、怎样办大学的根本问题，事关党对高校的领导，事关中国特色社会主义事业后继有人，是一项重大的政治任务和战略工程。”“党的十八大以来，以习近平同志为核心的党中央把高校思想政治工作摆在突出位置，作出一系列重大决策部署，各地区各有关部门各高校采取有力有效措施，积极主动开展工作，创造了许多成功做法，积累了许多宝贵经验。大学生思想政治教育成效显著，教师思想政治素质明显提高，各类思想文化阵地建设和管理不断加强，中国特色社会主义理论体系进教材、进课堂、进头脑工作扎实有效，社会主义核心价值观建设持续推进，高校意识形态领域主流积极健康向上，广大师生对以习近平同志为核心的党中央拥护信任，对党中央治国理政新理念新思想新战略高度认同，对中国特色社会主义和中华民族伟大复兴中国梦充满信心。总体上看，高校思想政治工作持续加强和改进，呈现出良好发展态势，为保证高等教育改革发展、服务党和国家工

作大局做出了重要贡献。”[①]诚然，当前高校思想政治工作也存在一些问题亟待解决，如“工艺”不够精湛，“配方”不够先进等。新时代对思想政治理论课发挥育人主渠道作用提出了更高的要求。为了更好地提高思想政治理论课质量和水平，全面推动习近平新时代中国特色社会主义思想进头脑，切实加强社会主义价值引导，思想政治理论课供给侧改革势在必行。思想政治理论课供给侧改革就是要强化供给端(教师)对需求变化的适应性、灵活性，针对需求侧(学生)思想、心理、行为等特点，结合社会和学生需求，遵循教育规律、思想政治教育规律和学生成长规律，从调整思想政治教育结构入手，提高思想政治理论课程的质量，减少无效和低端供给，提高供给的针对性、有效性和精准性，提升思想政治理论课程的可受性、灵活性，全面提高思想政治理论课程对培养思想政治素养过硬、道德品质高尚、遵纪守法的社会主义事业的建设者和接班人的贡献度；围绕人才培养模式、课程结构、教育方式等方面，运用新媒介新技术，推动课程模式、内容和教学方式改革，提升教学质量，增强课程吸引力、亲和力，增强其有效性的过程和活动。

(二)高校思想政治理论课供给侧改革的特征

高校思想政治理论课供给侧改革，具有科学性、系统性、多样性、融合性、有效性等方面的特征。

1.高校思想政治理论课供给侧改革要体现科学性

思想政治理论课供给侧改革的科学性就是指，思想政治理论课供给方面的改革要符合客观实际，要反映出思想政治教育的本质和内在规律，也即改革的原则、内容要正确，要符合思想政治教育的内在要求。2016 年 12 月 8 日，习近平在全国高校思想政治工作会议上强调，要遵循思想政治工作规律，遵循教书育人规律，遵循学生成长规律，不断提高工

① 《中共中央国务院关于加强和改进新形势下高校思想政治工作的意见》，2017 年 2 月 27 日。

作能力和水平。思想政治教育的规律，学者们有较多的探索，分别从不同的视角对思想政治教育规律进行界定和研究。思想政治教育中基本的理论在于用科学的理论武装人，重点在理论的科学，关键在武装，落脚点在人。同时要坚持理论联系实际，理论与实践相结合，根本在于理论服务于实践，并在不断解决思想问题和实际问题中不断升华理论，进而再针对新的状况、新的业态解决新的问题，周而复始，良性循环。

张耀灿教授和陈万柏教授主要总结概括了思想政治教育过程的基本规律：

第一个规律，教育要求与受教育者思想品德发展之间保持适度张力的规律，即教育要求与受教育者思想品德之间应保持一种动态的平衡关系。教育要求要适当地高于受教育者的思想品德状况，这样才有助于发挥思想政治教育提升受教育者道德品质的作用，但教育要求也不能定得过于高，受教育者经过努力也很难达到的高度就是不合时宜的。可以说，教育要求与受教育者的思想品德之间的关系是应然与实然的矛盾关系，教育要求是社会希望受教育者应该具有怎样的思想品德，受教育者的思想品德状况是现阶段其所呈现的现状。教育者要通过各种方式和活动，不断提高受教育者思想道德水平以满足社会的发展和需要。

第二个规律，教育与自我教育相统一的规律。作为思想政治教育过程的两个基本要素，教育者和被教育者相互作用才是思想政治教育的过程。在思想政治教育过程中，教育者代表着社会思想品德要求，为了满足社会需求，教育者需要在教育活动中进行设计和组织，对整个教育过程进行调控，因此，教育者是思想政治教育的主导者。受教育者虽然看似属于教育者施加影响的对象，是教育客体，但受教育者并不是被动地接受教育，而具有能动性，能动地接受教育、践行认知，并通过言语或者行为表达自身在接受教育的过程中的感受，以此来影响教育者的教育活动。因此，也有观点认为，教育者和受教育者在思想政治教育过程中是双主体。作为主导者的教育者和作为学习主体的受教育者，在思想政治教育过程中是互相作用、互相影响的。如果缺少教育者的引导和激励，受教育者便缺少了外在的积极教育和影响；如果没有受教育者能动地接受教育，主动地接受、理解教育内容，并内化成自我认知且知行合一积极践行，那么也就没有达到思想政治教育的目的。因此，教育者主导作用的发挥与受教育者主观能动性的调动需要互相作用，互相激发。

第三个规律，协调与控制各种因素使之同向发挥作用的规律。在思想政治教育过程中，需要对教育者施加的影响和社会环境因素的影响进行协调和控制。由于教育者的差异性，如专职兼职、思想水平和认识能力等差异性的存在，作为群体的教育者施加给受教育者的影响可能会存在不协调的现象，尤其在社会重大变革期，不同教育者更容易出现影响差异、对立、冲突，因此，需要不断协调教育者的差异性，尽力避免他们之间互相抵牾，使之同向发挥作用，形成思想政治教育的合力，协同共育。人是生活在社会当中的，人的思想境界、道德品质必然会受到社会环境的影响，这种影响有积极的，也有消极的，思想政治教育效果如何，实际上也在很大程度上受社会环境因素的影响，或是正面或是负面，负面的社会影响会消解思想政治教育的正向作用，使得思想政治教育效果欠佳。因之，教育者在进行思想政治教育活动时，要注意引导受教育者客观看待社会，积极吸收正能量激励，自觉抑制和消除消极社会因素的影响，同时要使教育者本身的教育影响与社会积极因素协调统一，努力营造良好的思想政治教育氛围，积极促进受教育者的思想品德状况向社会需要良性发展。①

高校思想政治理论课供给侧改革还要遵循教书育人规律。高校教育的根本任务即是立德树人，思想政治理论课作为思想政治教育的主阵地，教书即为育人，教书必定育人。思想政治理论课教师在教学中不仅要教给学生知识理论体系，更重要的是一种价值引导，帮助学生树立科学的世界观、人生观、价值观、道德观和法治观。教师是传道授业解惑

① 参见陈万柏、张耀灿主编:《思想政治教育学理论》，高等教育出版社 2015 年版，第 146～148 页。本部分主要参考了该书中思想政治教育过程的基本规律。

者，学为人师，行为生范。思想政治理论课教师既要授业精，又要解疑惑，更要以传道为己任。教师要明道信道，坚定马克思主义信仰，肩负培养中国特色社会主义事业优秀接班人的使命，积极做好学生成长成才的良师益友。

高校思想政治理论课供给侧改革还要遵循学生成长规律。大学阶段是青年人生发展的重要时期，是世界观、人生观、价值观形成的关键时期，怎样处理好理想与现实、友谊与爱情、学习与工作、个人与集体、竞争与合作等关系，做什么样的人，怎样做人，追求什么样的人生，以何种态度生活，什么样的人生才是有价值的人生，这一系列的人生课题，都需要学生去思考、探索和实践，同时更需要思想上的引导。大学是人生的转折点，它使一个人真正地开始了独立的生活，真正地成熟起来，开始自主地走上属于自己的人生之路；大学是重要的人生造型期，通过大学时代的学习和生活，塑造其自身成为具有一定专长和特色的、能够适应社会竞争的人才；大学是人生的积累期，它是人的意志和才能的积累时代，为未来生存于社会、发展于社会做好最后的准备。可见，大学阶段对人生影响深远。大学生富有创造力和热情，勇于接受新事物，具有鲜明的个性，具有独立意识、自主意识、民主意识、权利意识，渴望被信任、被理解、被尊重。作为高校思想政治理论课教师要了解、理解并遵循其成长规律，重在价值引导、教育，尊重其主体地位，平等相待，并不断激发学生自我教育意识和实践。习近平在全国高校思想政治工作会议上指出："办好我们的高校，必须坚持以马克思主义为指导，全面贯彻党的教育方针。要坚持不懈传播马克思主义科学理论，抓好马克思主义理论教育，为学生一生成长奠定科学的思想基础。要坚持不懈培育和弘扬社会主义核心价值观，引导广大师生做社会主义核心价值观的坚定信仰者、积极传播者、模范践行者。"①

2.高校思想政治理论课供给侧改革需准确、有效，也即精准、有效供给

中央宣传部、教育部关于《普通高校思想政治理论课建设体系创新计划》中明确指出："高校肩负着学习研究宣传马克思主义、培养中国特色社会主义事业建设者和接班人的重大任务。思想政治理论课是巩固马克思主义在高校意识形态领域指导地位、坚持社会主义办学方向的重要阵地，是全面贯彻落实党的教育方针、培养中国特色社会主义事业合格建设者和可靠接班人、落实立德树人根本任务的主干渠道，是进行社会主义核心价值观教育，帮助大学生树立正确世界观、人生观、价值观的核心课程。办好思想政治理论课，事关意识形态工作大局，事关中国特色社会主义事业后继有人，事关实现中华民族伟大复兴的中国梦，必须始终摆在突出位置，持之以恒、常抓不懈。"②积极推动高校思想政治理论课供给侧改革，充分发挥其正向作用，"在坚定理想信念上下功夫"，"在厚植爱国主义情怀上下功夫"，"在加强品德修养上下功夫"，"在增长知识见识上下功夫"，"在培养奋斗精神上下功夫"，"在增强综合素质上下功夫"，"把培养社会主义建设者和接班人作为根本任务，培养一代又一代拥护中国共产党领导和我国社会主义制度、立志为中国特色社会主义奋斗终身的有用人才"③，这是新时代新业态下高校思想政治理论课供给侧改革的核心问题。思想政治理论课改革要"坚持把立德树人作为根本

---

① 习近平:《把思想政治工作贯穿教育教学全过程　开创我国高等教育事业发展新局面——在全国高校思想政治工作会议上的讲话》，2016 年 12 月 8 日，新华网，http://www.xinhuanet.com/politics/2016-12/08/c_1120082577.htm。

② 中共中央宣传部、中华人民共和国教育部:《普通高校思想政治理论课建设体系创新计划》，2015 年 7 月 27 日，http://www.moe.edu.cn/srcsite/A13/moe_772/201508/t20150811_199379.html。

③ 《习近平出席全国教育大会并发表重要讲话》，2018 年 9 月 10 日，中国政府网，http://www.gov.cn/xinwen/2018-09/10/content_5320835.htm。

任务”,“坚持以人民为中心发展教育”[①],紧紧围绕服务于中华民族伟大复兴对人才的新需求。同时,高校思想政治理论课教学供给结构改革,要针对学生自身的变化发展与对思想政治教育供给侧的新要求,对目前教学中存在的供给靶向性缺失、无效供给和冗余供给等现实问题进行反思,将满足社会与个性需求相结合,进一步改革教学内容,拓展教学方式,突破改革瓶颈,凝聚思想政治教育正向合力,提高高校思想政治理论课有效性和精准性,实施“精准供给、有效供给”,真正使其成为培养中国特色社会主义事业合格建设者和可靠接班人的核心课程[②],为实现党和国家“两个一百年”奋斗目标和中华民族的伟大复兴培养德才兼备的建设者和接班人。实际上,高校思想政治理论课供给准确、精准,内含着课程内容既符合社会对于当代大学生的思想道德要求,又能满足当代大学生的自身需要,教学内容、方法、方式、手段既紧跟时代又贴近学生生活。

3.思想政治教育的有效性

沈壮海教授的《思想政治教育有效性研究》对此有全面而深刻的阐述。沈教授认为,对于实践活动有效性的探讨,必须同时注重构成实践活动的诸要素及实践活动的方式、条件等对于特定实践活动结果的产生所应具备的有效性问题,并在此基础上揭示实践活动有效性产生和实现的基本规律。因此,思想政治教育结果的有效性、思想政治教育过程的有效性、思想政治教育要素的有效性,构成了思想政治教育有效性问题研究的三个基本方面。思想政治教育要素的有效性可以说是思想政治教育过程的有效性和思想政治教育结果的有效性的前提条件,思想政治教育过程的有效性是思想政治教育有效性问题的中心环节,连接着思想政治教育要素的有效性和思想政治教育结果的有效性,思想政治教育结

① 《习近平出席全国教育大会并发表重要讲话》,2018年9月10日,中国政府网,http://www.gov.cn/xinwen/2018-09/10/content_5320835.htm。

② 参见中共中央宣传部、中华人民共和国教育部:《普通高校思想政治理论课建设体系创新计划》,2015年7月27日,http://www.moe.edu.cn/srcsite/A13/moe_772/201508/t20150811_199379.html。

果的有效性是有效思想政治教育要素参与有效思想政治教育过程的产物，是判断和检验整个思想政治教育活动有效性的基本依据。思想政治教育有效要素（包括教育者、对象、目的、内容、方法、情境有效性）、有效过程（教育者意识活动过程有效性、教育者实践活动有效性、教育对象的意识活动有效性、教育对象的实践活动的有效性；教科书的方案制定、实施和评估）和有效结果（教育性、对个体的满足和对社会的满足）。高校思想政治理论课是高校思想政治教育的重要载体，其有效性也应然包括思想政治理论课要素（教师、学生、教学内容、教学方式方法）的有效性、思想政治理论课过程有效性（教师意识和实践活动的有效性、教材体系转化为教学体系的有效性、学生意识和实践活动的有效性）和思想政治理论课结果的有效性（思想政治理论课使得学生形成的思想政治素质对于其进一步接受思想政治教育和形成社会所需要的思想政治素质有基础意义，思想政理论课满足和学生个体适应社会的需要、享受需要和发展需要，思想政治理论课满足了社会认同、动员和精神构建需要）。[①] 思想政治理论课供给侧改革，主要要围绕思想政治理论课供给要素、过程、结果的有效性进行有的放矢的靶向性改革。

4. 思想政治教育的全程化

思想政治理论课供给改革具有全程化特点，也即思想政治理论课教育教学活动包括思想政治理论课前教育者的有意识活动、思想政治理论课前的教育者的实践活动、思想政治理论课中和课后受教育者的意识活动和实践活动。

思想政治理论课教学供给要充分考虑全程性。

首先，作为思想政治理论课的主导者，教师在上课前要充分备学生、备课。教育的对象是人，要以人的思想的实际状况、思想意识接受和理解能力以及接受意愿和兴趣倾向为教育教学的首要和必备条件，也即思

① 参见沈壮海：《思想政治教育有效性研究》，武汉大学出版社 2016 年版，第 14～21 页。

想政治教育要符合学生成长规律。教师在准备教学的过程中，首先需要弄清楚教育对象，了解教育对象的专业特点、背景、男女比例、兴趣爱好等方面所具有的特质，分级分类教学。专业特点可以从大学科具体到小的专业，比如文科生、理科生、工科生、文艺生、医学生等等，分析他们的特点，从而确定教学基调，选择教学案例，采用有效办法，努力去调动学生学习的主动性和积极性。背景、兴趣爱好等方面，教师可以通过直接调查问卷和访谈以及课上互动的方法和模式进行更细致的了解，也可以通过与其辅导员老师进行沟通的方式掌握学生思想、行为动态。对于课程教学内容的掌握更是教学有效开展的必要方面。在教学进行之前，教师要根据教学要求、教学情境，学生自身思想情况、接受意愿和信息接收特征来编写教案，同时还要弄懂弄通内容背后蕴含的理论背景、理论目的、内在构成等方面，即所谓的“明道”。此外，教师还要将学生学习过程中的反馈信息以及教学过程中同行专家的反馈意见进行及时的捕捉、分析和总结。其实，在备学生、备课的准备过程中还有一项活动也在同时完成，即思想政治理论课教师对教学工作充满的积极性和执着性以及教师自身的言行对学生感染力以及教师对学生的关心、爱护和尊重。教师首先对思想政治教育工作需要有积极的、坚定的、始终如一的坚持，否则，教师会出现职业倦怠而影响接下来的教学实践活动，甚至得不到较好的教学结果。高校思想政治理论课教师对于马克思主义信仰、共产主义远大理想和中国特色社会主义共同理想的理论和实践还要有坚定的信奉精神，也即“信道”，以自身对于教学内容的正确认知、不断追求的意志和情感上的认同，努力感染学生，以理服人、以情动人，否则极易陷入自身质疑却要完成教学任务而不得不进行的干巴巴的教学活动的非良性循环。人与人之间相处往往都是相互的，若想得到对方的爱、信任和诚意，自身必须爱对方，信任对方，以诚相待。同理，高校思想政治理论课教育者若想获得学生的信任、理论的认同、情感的共鸣，并在此基础上使得学生自身积极主动接受教师、接受和内化教学内容并付诸实践，除了所讲授的理论的彻底性和正确性外，还需要教师与学生进行平等的、尊重的朋友般的交往。作为教育对象，学生对待思想政治理论课教育者——教师及其教学内容的态度、情感会受到教师对待学生的情感和态度的直接影响。

其次，作为思想政治教育者，教师要根据社会要求确定教学目标，编制教育内容，设计教学情境，选择教育方式方法，在思想政治理论课中传播教育内容。这种实践活动是基于教师课前备学生、备课的基础上，结合社会需要、教学目的和学生自身的思想状况，编制教学内容，根据教学内容和学生的接受心理来选择恰当的教学方法以及在教学双向互动中的情感交流、平等相待的实践活动。

再次，要考虑思想政治教育对象——学生的意识活动。这个过程是整个思想政治理论课教育教学活动的关键环节。思想政治教育对象的意识活动是在以教育者及其教育实践活动为媒介的对于教育内容的知识型掌握到信念性内化的活动。这包含两个层面：第一，受教育者——学生对于教育者——教师及其教学实践活动的认可和接受，通过教师及其实践活动这个中介和渠道，学生实质上接受了教学内容中的知识。第二，思想政治教育仅仅停留在知识层面掌握是远远不够的，更重要的是接受并内化为自己的理解，并使其认识到自身思想道德状况与转化为自身主动接受的内容之间的差距，形成自我期望，也即学生看到教育者——教师为其展现的思想应然状况，对比自我现状，主动为自身设立自我实现的目标。

最后一个环节，也是最重要的一个环节，就是受教育者——学生的实践活动。将思想政治教育目标、要求内化，并不是思想政治教育过程的完结，将内化的教育目标和自身设定的目标付诸实践，也即自觉地教育自己努力去靠近和实践已经理解、内化了的思想政治教育内容和应然状况，变应然为实然，不断调整、提高自己的精神境界以适应思想政治教育要求和自我教育自我期望目标，唯有此才能将思想政治理论课教学内容真正入脑入心，外化于行，完成思想政治教育过程。

5.思想政治理论课供给侧改革具有系统性

系统，应该包含以下几点内容：一是有若干要素；二是若干要素相互联系相互制约，形成一定的结构或者机制；三是各要素之间互相促进，使得要素集合的作用大于各个单独的要素之和。思想政治理论课供给是一个完整的系统，其改革需要具有系统性。前面论述了思想政治理论课的组成要素——教育者、受教育者、教学内容、教学方法、教学情境，此外还包括教学生态环境、教学保障和评价等。

思想政治理论课教学活动不是在真空中发生的，课程有效供给有效结果的得到在一定程度上受到教学生态环境（供给生态环境）的影响。如果思想政治理论课受教育者在其他的课程中受到的教育与思想政治理论课的教学目标有偏离甚至背离，那势必会影响学生对于思想政治理论课教育的接受、内化效果。习近平在全国高校思想政治工作会议上强调，要把思想政治工作贯穿教育教学全过程，“用好课堂教学这个主渠道，思想政治理论课要坚持在改进中加强，提升思想政治教育亲和力和针对性，满足学生成长发展需求和期待，其他各门课都要守好一段渠、种好责任田，使各类课程与思想政治理论课同向同行，形成协同效应”①。尤其“哲学社会科学中的绝大部分学科都具有鲜明的意识形态属性，对于帮助大学生坚定正确的政治方向，正确认识和分析复杂的社会现象，提高思想道德修养和精神境界具有十分重要的作用。要坚持和巩固马克思主义在意识形态领域的指导地位，在哲学社会科学教学中充分体现马克思主义中国化的最新理论成果，用科学理论武装大学生，用优秀文化培育大学生。要发扬理论联系实际的优良学风，发挥哲学社会科学的优势，紧密围绕大学生普遍关心的、改革开放和现代化建设中的重大问题，做好释疑解惑和教育引导工作”。各级各类教师也要协同共促大学

① 习近平：《把思想政治工作贯穿教育教学全过程 开创我国高等教育事业发展新局面——在全国高校思想政治工作会议上的讲话》，2016 年 12 月 8 日，新华网，http://www.xinhuanet.com/politics/2016-12/08/c_1120082577.htm。

生思想政治教育落实，“高等学校各门课程都具有育人功能，所有教师都负有育人职责。广大教师要以高度负责的态度，率先垂范、言传身教，以良好的思想、道德、品质和人格给大学生以潜移默化的影响。要把思想政治教育融入到大学生专业学习的各个环节，渗透到教学、科研和社会服务各个方面。要深入发掘各类课程的思想政治教育资源，在传授专业知识过程中加强思想政治教育，使学生在学习科学文化知识过程中，自觉加强思想道德修养，提高政治觉悟”。[①] 党和国家对于营造积极正向的思想政治教育教学生态环境方面有着准确的认识和较高的要求。

思想政治教育过程包括思想政治理论课的教学过程，其并不是孤立存在的，而是处于纷繁复杂的社会生态环境之中。这个社会生态环境中有正向积极的因素，也有负向消极的因素，尤其当今世界的开放发展，网络媒介更具有虚拟性、自由性、开放性，网络世界各种现象的层出不穷，网络信息存在良莠不齐现象，正、负功能必然并存，都影响着思想政治理论课教学和学生思想品德养成教育。《中国互联网络发展状况统计报告》显示，截至 2018 年 12 月，我国网民规模达 8.29 亿，普及率达59.6%，其中手机网民规模达 8.17 亿，网民通过手机接入互联网比例高达 98.6%。我国网民以 10～39 岁群体为主，其中 20～29 岁年龄段的网民占比最高。2018 年 9 月，高校大规模迎来首批“00 后”新生，他们是网络的原住民和体验者，与网络相伴相生，生活方式、交往方式、思维模式都呈现与网络互联共融态势，并已成为常态。当代大学生独立意识强但心理素质较弱，情感外显张扬但自控能力差，思维观念超前但内心极易极端冲动，智商高创新性强但辨是非善恶能力较弱。网络作为“双刃剑”，给大学生带来了便利的生活，如信息传播的海量即时交流互动打破时空限制，生活服务更加便捷，但他们在使用网络媒介时也会面临网络沉迷、网络暴力、网络传谣、信息欺诈、隐私泄露、低俗文化侵蚀等风险。不利的环境

① 参见《中共中央、国务院关于进一步加强和改进大学生思想政治教育的意见》，载《人民日报》2004 年 10 月 15 日。

因素的影响势必会减弱思想政治理论课教学效果，甚至会与思想政治理论课教学目标背道而驰，使学生对课程产生抵触和反感。高校思想政治教育者在进行思想政治教育活动中，尤其教师在思想政治理论课课堂上，要注意积极引导学生增强价值判断能力和道德责任感，客观正确地看待社会中和网络虚拟世界中出现的各种问题，明辨是非，对政治上的大是大非问题要有科学准确的判断，对于日常工作、学习、生活、情感、做人等问题上要分得清真善美和假恶丑，培养大学生辨识能力。同时，还要鼓励大学生敢于旗帜鲜明地弘扬真善美，贬抑假恶丑，匡正失范行为。

教学保障和评价机制也是思想政治教育这个系统中必不可少的因素。高校思想政治理论课的有效过程和结果的出现离不开国家相关政策的大力支持，更离不开各高校对于政策的落实和具体措施的到位。对思想政治教育专业教师、工作人员，学校应该从物质上和精神上大力保障，让其无生计之愁无后顾之忧，工作得有尊严有价值。此外，在教学硬件和软件上要配套全面，促进教师不断探索思想政治理论课的新教学方式和教学手段。思想政治理论课教学评价方面，学校应探索标准多维、分类考核、过程与结果结合的评价机制。只有教育者、受教育者、教学内容、教学方法、教学情境、教学生态环境、教学保障和评价多方发力，共同作用于系统，才能有利于高校思想政治理论课供给精准、有效。

6.思想政治理论课供给多样化和个性化是供给有效的必然要求

一方水土养一方人，不同的地域、传统、习俗、文化都有着自身的特点，高校思想政治理论课供给主体可以充分挖掘和利用本地区本民族的传统文化，将其融入于教学当中，不同的学校也有自己的办学优势和特色，可以充分结合。前文提到，教师在课前需要“备学生”。学生是课堂教学的主体，教师的教学活动要秉持着一切围绕学生主体来进行的原则，因此，在备课中要充分考虑学生由未成年即将走向成年的年龄和心理特点。此外，还需要了解学生的相关知识现状即学情，了解其在中小学时期学习的思想政治教育的内容，了解他们的学习兴趣、学习习惯和课堂互动参与情况。只有这样，我们才能把握住学生的心理和学习实况，知晓学生实际需求和知识接受能力，也才能在教学中更有针对性和更好地满足个性需求。全方位了解学生，是上好思想政治理论课的重要前提和基础。

课程供给的多样性可以体现在导入多样性、教法多样性和评价多样性。好的开始是成功的一半，课程导入得好，势必会激发起学生的兴趣和主动性，让其轻松进入课程教学，提高"抬头率"，并且也可以在一定程度上提高学生的参与度。课程导入的方式很多，包括问题导入、故事导入、案例导入、音乐导入、视频导入、图片导入等等。以设置问题的方式导入课程，不仅能够调动学生的好奇心，还可以吸引学生将注意力集中于接下来的教学，更能激发学生的探究欲。在问题导入中，要注意问题设置的深度和难度适宜，并且与社会热点焦点广泛结合。通过设置问题，可以引导学生理论联系实际，提高其用马克思主义的理论和方法解决问题的能力。故事导入比较适合"中国近现代史纲要"这门课程。当然，这门课程并不是单纯地讲解近现代史，而是引导学生理解半殖民地半封建社会必然会走向新民主主义社会，必然会迈进社会主义社会，坚定对马克思主义的信仰、对社会主义的信念、对党和政府的信心。以故事导入，能更好地体现历史的价值、走向及其背后蕴含的必然性，也使学生的学习兴趣被调动和激发。案例导入比较适合法律部分，以经典案例、有争议的案例为起点导入课程，让学生以法官的角度进行判断和裁决，有利于学生培养法治思维，维护法律权威。教师可以结合具体的教学内容和所面对的教学主体采取多样、灵活的导入方式。

传统式的教学方法即为讲授法，讲授法是基本的教学方法，是贯穿教学过程的主要方式，但不能满堂都采用，要探索多种多样的教学方式，如启发式教学。在某些内容上，教师可以采取启发自主学习模式，充分引导和发动学生在查找、对比等基础上自主进行相关内容的学习总结，并要进行汇报，与教师和其他同学的认知进行对照，从而不断升华其自身认知。其次，教师可以采取自媒体、新媒体、多媒体辅助教学，借助多媒体向学生展示图片、音频、视频，以直观形象的感受辅助理论教学，还可以充分利用手机发表话题，让学生跟帖实名回答，其他人可以对其发言发表赞成或反对意见。另外，还可以采取慕课形式，让学生同上一堂网络思想政治理论课；也可以进行翻转课堂，将课堂交给学生，将讲台赋予学生，教师做点评和引导。

总之，教无定法，贵在得法，重在探索。评价多样化贵在让每个学生都能感受到教师的关注，从而不断保持积极主动的学习状态。所以教师要摒弃单一的评价标准，制定适合学生的多维的评价尺度，用发现美的眼睛去发现学生身上的优点，并鼓励其不断保持并发扬，这样也有利于拉近师生距离，融洽课堂气氛，为高效课堂提供情感支撑。

第二章　山东省高校思想政治理论课相关调查与数据分析

山东省是人口大省、经济大省、教育大省。山东省高等院校众多，其高等教育也是名列前茅。山东省有独特的传统文化，是孔孟之乡，有着丰富的思想政治教育资源。山东省委省政府十分重视高校思想政治教育工作，尤其是思想政治理论课立德树人的核心作用的发挥。

一、高校思想政治理论课相关调查的研究背景与调查准备

在新时期新形势下，我们首先要了解和掌握当代大学生思想政治状况及其对思想政治教育活动的反映和态度，把握当前大学生对于思想政治理论课教学的需求、建议和意见，而后针对问题思考解决问题之良策，创新性地进行行之有效的思想政治理论课供给侧改革，达到精准有效供给。

（一）研究背景

近年来，党中央、国务院高度重视教育，习近平总书记多次出席相关会议，发表重要讲话。在 2018 年全国教育大会上，习近平总书记强调教

育立德树人的根本任务，要求把立德树人融入思想道德教育、文化知识教育、社会实践教育各环节，贯穿基础教育、职业教育、高等教育各领域，学科体系、教学体系、教材体系、管理体系要围绕这个目标来设计，教师要围绕这个目标来教，学生要围绕这个目标来学。凡是不利于实现这个目标的做法都要坚决改过来。习近平总书记强调五个工作目标，即以凝聚人心、完善人格、开发人力、培育人才、造福人民为工作目标，培养德智体美劳全面发展的社会主义建设者和接班人，加快推进教育现代化，建设教育强国，办好人民满意的教育。针对教育改革发展提出了九个方面的新观点、新主张、新理念：坚持党对教育事业的全面领导；坚持把立德树人作为根本任务；坚持优先发展教育事业；坚持社会主义办学方向；坚持扎根中国大地办教育；坚持以人民为中心发展教育；坚持深化教育改革创新；坚持把服务中华民族伟大复兴作为教育的重要使命；坚持把教师队伍建设作为基础工作。明确了我国是中国共产党领导的社会主义国家，我们的教育必须把培养社会主义建设者和接班人作为根本任务，培养一代又一代拥护中国共产党领导和我国社会主义制度、立志为中国特色社会主义奋斗终身的有用人才。

山东省是经济发展排在全国前三的经济大省，也是人口大省、教育大省。高等教育也是走在中国教育行业的前列，高校众多，拥有山东大学、中国海洋大学、哈尔滨工业大学（威海）3 所“985”大学，还有 1 所“211”大学中国石油大学（华东），省属及地方本科院校 60 余所。山东有独特的齐鲁文化，包括道家文化、兵家文化、法家文化、墨家文化以及阴阳、纵横、方术、刑、名、农、医等，其中最核心是儒家文化，山东是孔孟之乡，在传承和发扬优秀传统文化方面有着独特的地理优势和文化优势。因此，山东省各高校也积极将优秀传统文化融入学校思想政治教育当中，主动将优秀传统文化引入思想政治理论课课堂和其他哲学社会科学专业课堂。

继 2016 年 12 月 8 日习近平总书记在全国高校思想政治工作会议上发表重要讲话后，2017 年 5 月 9 日，山东省委书记刘家义出席了全省高校思想政治工作会议。他指出，做好高校思想政治工作，必须遵循思想政治工作规律、教书育人规律、学生成长规律，沿用好办法，改进老办法，探索新办法，不断提高工作能力和水平，重点要把握和处理好五个关系，即学校与社会的关系、教师与学生的关系、思想政治理论课与专业课的关系、课堂教学与社会实践的关系、继承传统与改革创新的关系。刘家义强调，高校要始终把立德树人作为中心环节贯穿教育教学之中，坚守社会的良心，努力成为社会文化的引领者和建设者，推动社会不断进步。高校作为社会的一个单元，社会上一些现象会直接或间接地反映到学校中来。因此，高校思想政治工作即便开展得再好，如果社会大环境出了问题，学生跨出校门，几年的学校教育成果也将不保。这就需要全社会都来关心重视青年的健康成长，共同为高校思想政治工作营造良好环境。在学校，学生是主体，教师是主导，教师和学生就是成长的共同体，不能把两者简单割裂开来，更不能把两者关系市场化、功利化。各高校要通过完善教师评聘考核制度，将教师从喧闹的社会活动中拉回课堂，让他们聚焦课堂教学，潜心教书育人。要推动建立平等民主、相互尊重的新型师生关系，平等相待、坦诚交流，打开学生心扉，把思想政治工作做到他们心坎里。思想政治理论课是学生集中接受思想政治教育的课程，专业课是学生获取专业知识的课程，两者之间是互相交融、相辅相成的关系，绝不能割裂甚至对立起来看。思想政治理论课本身就是一门专业课。专业课也是思想政治理论课的一种形式。同时，专业课本身具有职业道德的要求，有些专业课还传递着价值观、世界观、历史观。好的思想政治理论课一定要有专业水准，好的专业课也一定要有思政功底，使它们与思想政治理论课同向同行，形成协同效应。做好高校思想政治工作既要重视发挥课堂教学主渠道作用，又要重视用好社会实践、志愿服务、校园文化等其他载体。①

---

①　参见刘家义：《高校思政工作各关系如何处理和把握?》，2017 年 5 月 16 日，山东省教育厅官网，http://www.sdedu.gov.cn/sdjy/_jyyw/1019219/index.html。

面对新时期、新形势、新要求，我们要首先要把握当代大学生思想政治状况以及其对思想政治教育活动的反响和态度，了解当前大学生对于思想政治理论课教学的看法、要求和意见，然后进行行之有效的有针对性的思想政治理论课供给改革，以期达到精准供给。因此，主要针对山东省高等院校学生思想政治状况以及思想政治理论课教学开展情况展开调查，力求通过调查发现思想政治理论课教学存在的问题，力求通过问题分析和影响要素分析，构建高校思想政治理论课供给框架和策略，为山东省高等院校思想政治理论课教学改革添砖加瓦，为其他省、自治区、直辖市高校思想政治理论课教学水平提升提供借鉴。

(二)调查阶段划分

1. 准备阶段：2016 年 9 月至 2017 年 3 月，调研组结合课题设计，对国内外思想政治教育现状相关文献进行收集、整理、分析，并在此基础上，结合山东省高等学校学生特点，设计编制了调查问卷。调查问卷主要聚焦在“大学生思想和行为”和“大学生思想政治理论课教学情况及效果”两个大类。“大学生思想与行为”考察的指标主要涉及理想信念、人生观、价值观、道德观、爱国及其行为选择倾向，可以集中反映出大学生思想观念、政治立场、价值取向、道德情操和行为习惯等方面品质和能力。“思想政治理论课教学现状及效果”主要涉及教师、教学内容、教学方式、课堂实践和社会实践等问题，可以突出反映出当前大学生对思想政治理论课的态度及思想政治理论课的整体效果。

2. 调查实施阶段：2017 年 4 月 1 日至 6 月 30 日，为保证调研的真实、有效，委托山东大学(威海)、山东大学济南总校等院校的马克思主义学院教师和学生、相关院校学生进行问卷调查。

3. 数据分析与形成报告阶段：2017 年 7～9 月完成问卷录入工作，2017 年 11 月至 2018 年 2 月完成调查报告初稿。

(三)问卷设计

本调研主要采取问卷调查法。根据大学生思想政治状况和思想政治理论课活动及成效的影响要素，编制了“高校大学生思想政治现状及思想政治理论课认同状况的调查问卷”，共 42 个题目，其中主观问题 1 个，客观问题 41 个。调查通过线上和线下结合的方式完成。问卷回收后，尽快进行了录入和统计。

(四)问卷情况与样本特征

1. 抽样过程

2017 年 4～6 月，笔者及委托人通过线上线下结合的方式面向山东大学(威海)、山东大学济南总校、临沂大学、青岛大学等 4 所部属和省属院校在校生进行问卷调查，调查院校按在读一至四年级本科学生进行分专业调查，按统一规定进行抽样调查。

2. 问卷发放与回收情况

本次调查共发放调查问卷 1350 份，实际收回 1317 份，回收率为 97.56%，减去空白和填写不完整问卷，实际有效问卷 1272 份，有效回收率 94.22%。问卷抽样情况见表 2-1。

表 2-1　　各高校有效问卷分布

	发出样本数量	收回样本数量	有效问卷数量	有效问卷比例
山东大学(威海)	350	341	333	95.14%
山东大学(济南)	300	293	285	95.00%
临沂大学	350	340	326	93.14%
青岛大学	350	343	328	93.71%
合计	1350	1317	1272	94.22%

3. 样本特征

有效问卷中男生 448 人，占有效问卷的 35.22%；女生 824 人，占有效问卷的 64.78%。

二、山东省高校思想政治理论课相关调查数据分析

山东省高校思想政治理论课相关调查问卷主要围绕“大学生思想和行为”和“大学生思想政治理论课教学情况及效果”两个大部分设计问题、实施调研，收取问卷结果之后笔者组织团队及时进行了整理和分析。

(一)参与调查学生的学科、政治面貌等基本信息

为了使供给更有针对性，特别针对参与调查学生的学科、政治面貌等基本信息进行了调查。

1. 关于学科类别

文法和经管类学科学生参与调查的人数与理工科基本持平，艺术及其他学科参与调研人数较少。经管学科参与调查的人数为 206 人，占比 16.19%；文法 442 人，占比 34.75%；理科参与调研 321 人，占比 25.24%；工科参与 256 人，占比 20.13%；艺术及其他占比 4.40%(见表 2-2)。

表 2-2　　学科分类情况统计

	经管学科	文法	理科	工科	艺术及其他
人数(人)	206	442	321	256	56
占比	16.19%	34.75%	25.24%	20.13%	4.40%

2. 关于政治面貌

参与调查的学生中，政治面貌为中共党员的共 382 人，占 30.03%；

共青团员共 826 人，占 64.94%；群众 64 人，占 5.03%（见表 2-3）。

表 2-3　　政治面貌情况统计

	中共党员	共青团员	群众
人数（人）	382	826	64
占比	30.03%	64.94%	5.03%

3. 关于学生干部

参加调查的学生中，学生干部 504 人，占 39.62%；非学生干部 768 人，占 60.38%（见表 2-4）。

表 2-4　　学生干部情况统计

	学生干部	非学生干部
人数（人）	504	768
占比	39.62%	60.38%

（二）大学生思想与行为

此类重点考察的指标主要有理想信念、人生观、价值观、道德观、爱国及其行为选择倾向，可以集中反映出大学生思想政治素养。调查显示：

1. 在“在国际比赛中，当中国国旗升起来的时候，您会感到骄傲吗”这个有关爱国的问题中，绝大多数学生还是有着强烈的爱国感情和素养的。选择“会”的 1200 人，占 94.34%；选择“不会”的 8 人，占比 0.63%；选择“没感觉”的 64 人，占 5.03%（见表 2-5）。在爱国问题的内容设计上，稍显单薄。

表 2-5　　关于爱国问题的回答统计

	会	不会	没感觉
人数(人)	1200	8	64
占比	94.34%	0.63%	5.03%

2. 在“加入中国共产党，您觉得对您有何影响”这个问题上，被访者的选择依次是：选择“入党是件荣耀的事，对于激励自我、发展自我有积极的影响”的有 740 人，占比 58.18%；选择“党的宗旨、作风和政治纪律都会对自己的成长有帮助”的有 388 人，占比 30.50%；选择“入党有利于仕途发展，对今后找工作有好处”的有 108 人，占比 8.49%；选择“没有什么影响”的有36 人，占比 2.83%(见表 2-6)。

表 2-6　　关于入党对自身影响的情况统计

	有积极的影响	对自己的成长有帮助	对找工作有好处	没有什么影响
人数(人)	740	388	108	36
占比	58.18%	30.50%	8.49%	2.83%

3. 在“国家政策号召大学生支援西部、支援农村建设，您对此作何选择”这个问题中，被访者的选择依次是：选择“先解决自身就业，去后边工作边学习，完成 2 年支援再考研究生”的有 606 人，占比 47.64%；选择“主动选择西部或农村就业，扎根基层，有没有条件无所谓”的有 408 人，占比 32.08%；选择“有升职和发展空间，我就去”的有 178 人，占比 13.99%；选择“有一大笔安家费，待遇优厚，我就去”的有 80 人，占比 6.29%(见表 2-7)。

表 2-7　　关于支援西部、支援农村建设情况统计

	先解决自身就业，完成 2 年支援再考研究生	主动选择西部或农村就业，有没有条件无所谓	有升职和发展空间我就去	有一大笔安家费，待遇优厚，我就去
人数(人)	606	408	178	80
占比	47.64%	32.08%	13.99%	6.29%

4. 在“您平时关心时事政治吗”这一问题上，选择“比较关心，常看新闻、报纸”的有 766 人，占比 60.22%；选择“特别关心，经常与同学评论”的有 258 人，占比20.28%；选择“不大关心，只是偶尔看看新闻”的有 248 人，占比 19.50%(见表 2-8)。

表 2-8　　　　关于学生对时事政治的关心程度统计

	比较关心	特别关心	不大关心
人数(人)	766	258	248
占比	60.22%	20.28%	19.50%

5. “您了解马克思主义的途径”设置成了多选题，被访者的回答为：选择“思想政治理论课”的有 1136 人次，占比 89.31%；选择“大众传媒”的有 464 人次，占比 36.48%；选择“政策文件、规章制度”的有 440 人次，占比 34.59%；选择“校园文化宣传”的有 400 人次，占比 31.45%；选择“学生社团”的有 392 人次，占比 30.82%；选择“党课”的有 384 人次，占比 30.19%；选择“社会实践”的有 368 人次，占比 28.93%；选择“理论通俗读物”的有 304 人次，占比 23.90%；选择“其他”的有 144 人次，占比 11.32%(见表 2-9)。

表 2-9　　　　关于了解马克思主义的途径情况统计

	思想政治理论课	大众传媒	政策文件、规章制度	校园文化宣传	学生社团	党课	社会实践	理论通俗读物	其他
人数(人次)	1136	464	440	400	392	384	368	304	144
占比	89.31%	36.48%	34.59%	31.45%	30.82%	30.19%	28.93%	23.90%	11.32%

6. 在“哪种途径使您对马克思主义理论的印象最深刻”这一问题(多选题)中，被访者的回答为：选择“思想政治理论课”的有 912 人次，占比 71.70%；选择“党课”的有 368 人次，占比 28.93%；选择“社会实践”的有 364 人次，占比 28.62%；选择“大众传媒”的有 280 人次，占比 22.01%；

选择“理论通俗读物”的有 272 人次，占比21.38%；选择“政策文件、规章制度”的有 264 人次，占比 20.75%；选择“学生社团”的有 224 人次，占比 17.61%；选择“校园文化宣传”的有 160 人次，占比 12.58%；选择“其他”的有 40 人次，占比 3.14%(见表 2-10)。

表 2-10　　关于最深刻了解马克思主义途径情况统计

	思想政治理论课	党课	社会实践	大众传媒	理论通俗读物	政策文件、规章制度	学生社团	校园文化宣传	其他
人数(人次)	912	368	364	280	272	264	224	160	40
占比	71.70%	28.93%	28.62%	22.01%	21.38%	20.75%	17.61%	12.58%	3.14%

7. 在“您在生活学习中遇到困难的时候，会不会用马克思主义理论和方法去解决实际问题”这一问题中，被访者的回答是：选择“很自然地运用”的有 136 人，占比 10.69%；选择“有时会”的有 202 人，占比 15.88%；选择“偶尔会”的有 464 人，占比 36.48%；选择“一般不会”的有 302 人，占比 23.74%；选择“不知道哪些是马克思主义理论和方法”的有 96 人，占比 7.55%；选择“从来没有”的有 72 人，占比 5.66%(见表 2-11)。

表 2-11　　关于运用马克思主义解决现实中遇到的问题情况统计

	很自然地运用	有时会	偶尔会	一般不会	不知道哪些是马克思主义理论和方法	从来没有
人数(人)	136	202	464	302	96	72
占比	10.69%	15.88%	36.48%	23.74%	7.55%	5.66%

8. 在“您认为以下哪些方法对提高大学生的思想政治素质较有效”这一问题(多选题)中，被访者的回答是：选择“通过思想政治理论课”的有 708 人次，占比 55.66%；选择“通过班级开展民主生活会”的有 500 人次，占比 39.31%；选择“通过相关讲座”的有 576 人次，占比 45.28%；选择“学校、院系日常思想政治教育”的有 496 人次，占比 38.99%；选择“通过网络思想政治论坛进行教育”的有 480 人次，占比 37.74%(见表 2-12)。

表 2-12　　关于提高大学生思想政治素质的有效方法情况统计

	通过思想政治理论课	通过班级开展民主生活会	通过相关讲座	学校、院系日常思想政治教育	通过网络思想政治论坛进行教育
人数(人次)	708	500	576	496	480
占比	55.66%	39.31%	45.28%	38.99%	37.74%

9. 在“您是否崇尚奉献精神，愿意牺牲自己的某些利益为别人谋好处”的问题中，被访者的回答是：选择“是”的有 720 人，占比 56.60%；选择“否”的有 56 人，占比 4.40%；选择“不一定”的有 496 人，占 38.99%(见表 2-13)。

表 2-13　　关于是否崇尚奉献精神并付诸实践的情况统计

	是	否	不一定
人数(人)	720	56	496
占比	56.60%	4.40%	38.99%

10. 在“您是否能够正确处理奉献与索取之间的关系”的问题上，有 808 人选择“能协调两者关系”，占比 63.52%；选择“比较模糊，没有刻意衡量”的有 360 人，占比 28.30%；还有 104 人认为“不能协调好两者的关系，总是偏向于一方”，占比 8.18%(见表 2-14)。

表 2-14　　关于是否能正确处理奉献与索取二者关系的统计

	能协调两者关系	比较模糊，没有刻意衡量	不能协调好两者的关系
人数(人)	808	360	104
占比	63.52%	28.30%	8.18%

11. 在“对于对待自我价值与社会价值的关系上，您是哪一种”的问题上，有 816 人选择“追求二者的统一”，占比 64.15%；选择“时刻顾大局，达到社会价值最大化”的有 264 人，占比 20.75%；还有 192 人选择

“自我价值本位”，占比15.09%(见表2-15)。

表2-15　　关于自我价值与社会价值关系倾向性统计

	追求二者的统一	时刻顾大局，达到社会价值最大化	自我价值本位
人数(人)	816	264	192
占比	64.15%	20.75%	15.09%

12.在关于对成功的理解上(多选题)，有680人次选择“事业有成”，占比53.46%；选择“充分发挥自己的才能”的有656人次，占比51.57%；选择“有益于国家和人民”的有528人次，占比41.51%；选择“受人尊重”的有440人次，占比34.59%；还有416人次选择“稳定安逸就好，知足常乐”，占比32.70%；有216人次倾向成功应该是“拥有权力或金钱”，占比16.98%(见表2-16)。

表2-16　　对成功理解的统计

	事业有成	充分发挥自己的才能	有益于国家和人民	受人尊重	稳定安逸就好，知足常乐	拥有权力或金钱
人数(人次)	680	656	528	440	416	216
占比	53.46%	51.57%	41.51%	34.59%	32.70%	16.98%

13.在回答选择工作的问题上，有752人选择“找一份自己喜欢的工作，使自己的才能得以发挥”，占比59.12%；376人选择“找一份稳定的工作”，占比29.56%；96人选择“找一份赚钱的工作，不赚钱了就跳槽”，占比7.55%；48人选择“自主创业”，占比3.77%(见表2-17)。

表2-17　　关于选择工作选择情况的统计

	找一份自己喜欢的工作	找一份稳定的工作	找一份赚钱的工作	自主创业
人数(人)	752	376	96	48
占比	59.12%	29.56%	7.55%	3.77%

14. 在“如果可以选择，您会通过哪种途径获得成功”问题上，有 848 人选择“读大学，毕业后努力工作”，占比 66.67%；192 人选择“艰苦创业，靠自己打天下”，占比 15.09%；104 人选择“做官从政，拥有权力”，占比 8.18%；80 人选择“从事公益事业”，占比 6.29%；32 人选择“参加选秀节目，一举成名”，占比 2.52%；还有 16 人选择“中彩票，获巨额财富”，占比 1.26%（见表 2-18）。

表 2-18　　关于获得成功途径选择的统计

	读大学，毕业后努力工作	艰苦创业，靠自己打天下	做官从政，拥有权力	从事公益事业	参加选秀节目，一举成名	中彩票，获巨额财富
人数(人)	848	192	104	80	32	16
占比	66.67%	15.09%	8.18%	6.29%	2.52%	1.26%

15. 在“您将选择什么样的方式获取幸福”问题上，有 1144 人选择“靠自己的奋斗创造幸福”，占比 89.94%；48 人选择“在父母的帮助下获得幸福”，占比 3.77%；40 人选择“依靠社会的力量获得幸福”，占比 3.14%；40 人选择“依靠朋友获取幸福”，占比 3.14%（见表 2-19）。

表 2-19　　关于获得幸福的方式的选择的统计

	靠自己的奋斗创造幸福	在父母的帮助下获得幸福	依靠社会的力量获得幸福	依靠朋友获取幸福
人数(人)	1144	48	40	40
占比	89.94%	3.77%	3.14%	3.14%

16. 在关于上大学的目的问题上，有 624 人选择“实现理想抱负”，占比 49.06%；472 人选择“找份好的工作”，占比 37.11%；56 人选择“获得一纸文凭”，占比 4.40%；120 人选择“满足父母的愿望及其他”，占比 9.43%（见表 2-20）。

表 2-20　　关于上大学的目的统计

	实现理想抱负	找份好的工作	获得一纸文凭	满足父母的愿望及其他
人数(人)	624	472	56	120
占比	49.06%	37.11%	4.40%	9.43%

17. 在“您和您周围的同学经常谈论的话题是……”问题上，有 512 人选择“考研和毕业找工作”，占比 40.25%；480 人选择“日常学习与生活问题”，占比 37.74%；232 人选择“谈恋爱、打游戏、八卦娱乐新闻”，占比 18.24%；48 人选择“国际或国内时政话题”，占比 3.77%(见表 2-21)。

表 2-21　　关于学生群体经常谈论的话题的统计

	考研和毕业找工作	日常学习与生活问题	谈恋爱、打游戏、八卦娱乐新闻	国际或国内时政话题
人数(人)	512	480	232	48
占比	40.25%	37.74%	18.24%	3.77%

(三)思想政治理论课教学现状及效果

此部分主要指标涉及教师、教学内容、教学方式、课堂实践和社会实践等问题，可以突出反映出当前大学生对思想政治理论课的反响、态度以及思想政治理论课的成效。调查显示：

1. 在“您认为现在上思想政治理论课的主要目的”问题(多选题)上，有 928 人次选择“学习思想政治理论，形成正确的‘三观’，不断提高自己的精神境界”，占比 72.96%；选择“为今后的入党、从政奠定良好基础”的有 584 人次，占比 45.91%；选择“应对期末考试，拿到相应学分”的有 672 人次，占比 52.83%；还有 32 人次选择“其他”，占比 2.52%(见表 2-22)。

表 2-22　　关于学习思想政治理论课目的的选择情况统计

	形成正确的“三观”，不断提高自己的精神境界	为今后的入党、从政奠定良好基础	应对期末考试，拿到相应学分	其他
人数(人次)	928	584	672	32
占比	72.96%	45.91%	52.83%	2.52%

2.在“您思想政治理论课逃过课吗”问题(多选题)上，有 888 人次选择“从不逃课”，占比 69.81%；选择“偶尔逃课”的有 336 人次，占比 26.42%；选择“经常不上课”的有 48 人次，占比 3.77%(见表 2-23)。

表 2-23　　关于思想政治理论课逃课情况统计

	从不逃课	偶尔逃课	经常不上课
人数(人次)	888	336	48
占比	69.81%	26.42%	3.77%

3.在“您逃课的原因”这一问题(多选题)上，有 536 人次选择“上课枯燥，实在听不进去”，占比 42.14%；选择“课程没有意义，不如利用时间学习实用的东西”的有 412 人次，占比 32.39%；选择“社团活动和其他事务繁忙”的有 352 人次，占比 27.67%；选择“专业课压力比较大”的有 320 人次，占比25.16%；还有 224 人次选择“懒散，对自己要求比较低，受到舍友及其他同学的影响，比较容易放任自己”，占比 17.61%(见表 2-24)。

表 2-24　　关于思想政治理论课逃课原因统计

	上课枯燥，实在听不进去	课程没有意义，不如利用时间学习实用的东西	社团活动和其他事务繁忙	专业课压力比较大	懒散，对自己要求比较低
人数(人次)	536	412	352	320	224
占比	42.14%	32.39%	27.67%	25.16%	17.61%

4. 在“您认为当前思想政治理论课教学中存在的主要问题”这一问题（多选题）上，有 776 人次选择“教材文字枯燥，理论与现实脱节”，占比 61.01%；选择“学生对课程内容不感兴趣，只为了应试”的有 760 人次，占比 59.75%；选择“灌输型的教学模式，学生参与度低”的有 744 人次，占比58.49%；选择“任课教师照本宣科，缺乏创造性”的有 624 人次，占比 49.06%；还有 360 人次选择“学生和任课教师有代沟，沟通交流比较困难”，占比 28.30%（见表 2-25）。

表 2-25　关于学生对当前思想政治理论课中教学存在的主要问题的情况统计

	教材文字枯燥，理论与现实脱节	学生对课程内容不感兴趣，只为了应试	灌输型的教学模式，学生参与度低	任课教师照本宣科，缺乏创造性	学生和任课教师有代沟，沟通交流比较困难
人数（人次）	776	760	744	624	360
占比	61.01%	59.75%	58.49%	49.06%	28.30%

5. 在“您对目前开设的思想政治理论课课程的态度”问题上，有 144 人选择“很喜欢”，占比 11.32%；有 652 人选择“比较喜欢”，占比 51.26%；有 332 人选择“不太喜欢”，占比 26.10%；有 144 人选择“不喜欢”，占比11.32%（见表 2-26）。

表 2-26　关于学生对思想政治理论课的喜爱程度情况统计

	很喜欢	比较喜欢	不太喜欢	不喜欢
人数（人）	144	652	332	144
占比	11.32%	51.26%	26.10%	11.32%

6. 在“思想政治理论课课程给您留下的印象”这一问题（多选题）上，选择“空泛，讲大道理”的有 712 人次，占比 55.97%；有 576 人次选择“背诵”，占比 45.28%；选择“脱离实际”的有 472 人次，占比 37.11%；选择“紧密联系实际”的有 272 人次，占比 21.38%；还有 48 人选择“其他”，占比 3.77%（见表 2-27）。

表 2-27　关于思想政治理论课给学生留下的印象情况统计

	空泛，讲大道理	背诵	脱离实际	紧密联系实际	其他
人数(人次)	712	576	472	272	48
占比	55.97%	45.28%	37.11%	21.38%	3.77%

7. 在“哪种思想政治理论课课程授课方式您较喜欢”这一问题(多选题)上，选择“将教学内容与现实热点焦点问题或者其他案例材料相结合，从而拓宽视角，既加强理论解释力，又为学生看待现实问题提供价值方向”的有 688 人次，占比 54.09%；有 656 人次选择“互动教学，老师与学生共同讨论、解决问题”，占比 51.57%；选择“走出课堂，走进生活，切身感悟、实践”的有 656 人次，占比 51.57%；还有 288 人选择“邀请专家学者、道德模范、老兵或领导干部等为学生作报告、上思想政治理论课、解答疑惑”，占比 22.64%；选择“线上线下结合，引入慕课、微课、翻转课堂等形式，课堂讨论相关问题，教师主要答疑解惑”的有 216 人次，占比 16.98%(见表 2-28)。

表 2-28　关于学生较喜爱的思想政治理论课课程授课方式情况统计

	将教学内容与现实热点焦点问题或者其他案例材料相结合	互动教学，老师与学生共同讨论、解决问题	走出课堂、走进生活，切身感悟、实践	邀请专家学者、道德模范、老兵或领导干部等为学生作报告	线上线下结合，引入慕课、微课、翻转课堂等形式
人数(人次)	688	656	656	288	216
占比	54.09%	51.57%	51.57%	22.64%	16.98%

8. 在“您对思想政治理论课引入慕课、微课、翻转课堂(学生自主利用老师发布的视频完成知识的学习，课堂则变成老师与学生、学生与学生互动的场所，包括答疑解惑、知识的运用等)这种授课方式怎么看”问题上，有 536 人选择“很赞成，这种自由、活跃的课堂是大势所趋”，占比

42.14%;有 560 人选择"较赞成,可以适当应用,但应以传统课堂授课为主",占比 44.03%;有 176 人选择"不赞成,慕课微课效率较低,难于实施,不适用中国学生和教学现状",占比 13.84%(见表 2-29)。

表 2-29　关于学生对思想政治理论课引入慕课、微课、翻转课堂的授课方式的看法的统计

	很赞成	较赞成	不赞成
人数(人)	536	560	176
占比	42.14%	44.03%	13.84%

9.在"您认为一名优秀的思想政治理论课教师应具备的素质"这一问题(多选题)上,选择"自身的德行"的有 832 人次,占比 65.41%;有 800 人次选择"了解大学生思想和行为实际,并能用马克思主义的基本理论和方法给予疏导和帮助",占比 62.89%;选择"扎实的专业功底和理论素质"的有 688 人次,占比 54.09%;还有 680 人选择"课堂对时事的讨论交流",占比 53.46%;选择"激发学生的政治参与性"的有 608 人次,占比 47.80%(见表2-30)。

表 2-30　关于一名优秀的思想政治理论课教师应具备的素质学生观点统计

	自身的德行	了解大学生思想和行为实际	扎实的专业功底与理论素质	课堂对时事的讨论交流	激发学生的政治参与性
人数(人次)	832	800	688	680	608
占比	65.41%	62.89%	54.09%	53.46%	47.80%

10.在"在思想政治理论课教学上,您的任课教师是以什么角色出现的"这一问题(多选题)上,有 728 人次选择"思想灌输者",占比 57.23%;选择"指导者"的有 488 人次,占比 38.36%;选择"教学实施者"的有 456 人次,占比 35.85%;选择"平等的互动者"的有 304 人次,占比 23.90%(见表 2-31)。

表 2-31　关于学生思想政治理论课任课教师的角色情况统计

	思想灌输者	指导者	教学实施者	平等的互动者
人数(人次)	728	488	456	304
占比	57.23%	38.36%	35.85%	23.90%

11. 在“您更喜欢教师以何种话语风格进行授课”这一问题上，有 776 人选择“幽默风趣”，占比 61.01%；有 144 人选择“言语犀利”，占比 11.32%；有 136 人选择“严肃，以表达理论为主”，占比 10.69%；有 112 人选择“朴实流畅”，占比 8.81%；有 104 人选择“充满感情”，占比 8.18%（见表 2-32）。

表 2-32　关于学生所喜爱的教师以何种话语风格进行授课的统计

	幽默风趣	言语犀利	严肃，以表达理论为主	朴实流畅	充满感情
人数(人)	776	144	136	112	104
占比	61.01%	11.32%	10.69%	8.81%	8.18%

12. 在“您所在的学校的思想政治理论课有实践活动吗”这一问题上，有 368 人选择“经常开展”，占比 28.93%；有 728 人选择“偶尔有”，占比 57.23%；有 176 人选择“没有”，占比 13.84%（见表 2-33）。

表 2-33　关于学生所在学校的思想政治理论课是否有实践活动情况的统计

	经常开展	偶尔有	没有
人数(人)	368	728	176
占比	28.93%	57.23%	13.84%

13. 在“您所在的学校的思想政治理论课实践活动包括什么方式”这一问题上，有 832 人选择“课堂实践和课外实践相结合”，占比 65.41%；有 264 人选择“只有课堂实践”，占比 20.75%；有 88 人选择“只有课外实践”，占比 6.92%；有 88 人选择“没有实践活动，只局限书本”，占比 6.92%（见表 2-34）。

表 2-34　关于学生所在的学校的思想政治理论课实践活动形式的情况统计

	课堂实践和课外实践相结合	只有课堂实践	只有课外实践	没有实践活动
人数(人)	832	264	88	88
占比	65.41%	20.75%	6.92%	6.92%

14. 在"您所学习的思想政治理论课的课堂实践形式都有哪些"这一问题(多选题)上,800 人次选择"演讲",占比 62.89%;选择"辩论"的有 504 人次,占比 39.62%;选择"微视频"的有 464 人次,占比 36.48%;选择"情景剧"的有 400 人次,占比31.45%;选择"朗诵"的有 376 人次,占比 29.56%;选择"微电影"的有 208 人次,占比 16.35%;还有 200 人次选择"其他",占比 15.72%(见表 2-35)。

表 2-35　关于学生所在的学校的思想政治理论课课堂实践活动形式的情况统计

	演讲	辩论	微视频	情景剧	朗诵	微电影	其他
人数(人次)	800	504	464	400	376	208	200
占比	62.89%	39.62%	36.48%	31.45%	29.56%	16.35%	15.72%

15. 在"您更喜欢以下哪种思想政治理论课课堂实践形式"这一问题(多选题)上,472 人次选择"情景剧",占比 37.11%;472 人次选择"微视频",占比 37.11%;选择"演讲"的有 416 人次,占比 32.70%;选择"微电影"的有 400 人次,占比 31.45%;选择"辩论"的有 376 人次,占比 29.56%;选择"访谈"的有 240 人次,占比 18.87%;选择"朗诵"的有 176 人次,占比 13.84%;还有 96 人次选择"其他",占比 7.55%(见表 2-36)。

表 2-36　关于学生喜爱的思想政治理论课课堂实践活动形式的情况统计

	情景剧	微视频	演讲	微电影	辩论	访谈	朗诵	其他
人数(人次)	472	472	416	400	376	240	176	96
占比	37.11%	37.11%	32.70%	31.45%	29.56%	18.87%	13.84%	7.55%

16. 在“您所学习的思想政治理论课的课外社会实践形式都有哪些”这一问题(多选题)上,760 人次选择“参观有教育意义的红色景区、实践基地等”,占比 59.75%;680 人次选择“观看有教育意义的影片”,占比 53.46%;选择“参加相关文艺活动”的有 392 人次,占比 30.82%;选择“走进农村、社区和企业,亲身体验”的有 344 人次,占比 27.04%;还有 136 人次选择“其他”,占比 10.69%(见表 2-37)。

表 2-37　关于学生学习的思想政治理论课课外社会实践活动形式的情况统计

	参观有教育意义的红色景区、实践基地等	观看有教育意义的影片	参加相关文艺活动	走进农村、社区和企业,亲身体验	其他
人数(人次)	760	680	392	344	136
占比	59.75%	53.46%	30.82%	27.04%	10.69%

17. 在“您更喜欢哪种思想政治理论课课外社会实践方式”这一问题(多选题)上,有 640 人次选择“参观有教育意义的景区、实践基地等”,占比50.31%;528 人次选择“观看有教育意义的影片”,占比 41.51%;488 人次选择“走进农村、社区和企业,亲身体验”,占比 38.36%;368 人次选择“参加相关文艺活动”,占比 28.93%;还有 128 人次选择“其他”,占比 10.06%(见表 2-38)。

表 2-38　关于学生喜爱的思想政治理论课课外社会实践活动形式的情况统计

	参观有教育意义的景区、实践基地等	观看有教育意义的影片	走进农村、社区和企业,亲身体验	参加相关文艺活动	其他
人数(人次)	640	528	488	368	128
占比	50.31%	41.51%	38.36%	28.93%	10.06%

18. 在“从课时、考核、资源等方面来看,您认为与其他课程相比学校对思想政治理论课是否重视”这一问题上,有 448 人选择“十分重视”,占比35.22%;664 人选择“重视,但不充分”,占比 52.20%;160 人选择“不重视”,占比 12.58%(见表 2-39)。

表 2-39 关于学生所在的学校相比于其他课程在课时、考核、资源等方面对思想政治理论课的重视程度情况统计

	十分重视	重视，但不充分	不重视
人数(人)	448	664	160
占比	35.22%	52.20%	12.58%

19. 在“您的家长对学校的思想政治理论课是否有认知”这一问题上，有 208 人选择“非常了解”，占比 16.35%；864 人选择“知道其存在但不是很清楚其内涵”，占比 67.92%；200 人选择“一无所知”，占比15.72%（见表 2-40）。

表 2-40 关于学生家长对于思想政治理论课的认知程度情况统计

	非常了解	知道其存在但不是很清楚其内涵	一无所知
人数(人)	208	864	200
占比	16.35%	67.92%	15.72%

20. 在“您的家长知道思想政治理论课的内容后，对其持什么样的态度”这一问题上，有 880 人选择“十分有必要的课程”，占比 69.18%；352 人选择“没有太大意义的课程”，占比 27.67%；40 人选择“存在只会占用学习时间，弊大于利”，占比 3.14%（见表 2-41）。

表 2-41 关于学生家长得知思想政治理论课的内容后对于思想政治理论课的秉持的态度情况统计

	十分有必要的课程	没有太大意义的课程	存在只会占用学习时间，弊大于利
人数(人)	880	352	40
占比	69.18%	27.67%	3.14%

21. 最后设置一个开放性的主观题——填空题，问题是“请写下您对高校开设思想政治理论课的意见和建议”。收集到的回答如下：

“真的太枯燥，实际意义不太大，需要改革。”

“积极开展思想政治理论课，有利于身心健康。”

“尽量避免大谈理论。”

“多多启发学生。”

“希望能在思想政治理论课上看到理论的解释力，能与学生关心的问题接轨。也希望考试的内容能与平时老师所讲东西接轨，而不是一味让学生在考前背题。”

“不要以考试为目的，要让学生切实学到东西。”

“脱离现实，只为应试，于学生无益。”

“很有必要开设思想政治理论课。”

“要贴合实际。”

“学校要重视思想政治理论课的开展，课程开展得好，学生会受益匪浅，对自身良好品德的养成也有很大的影响。”

“挺好的。”

“不必用理论使劲灌输，要靠日常润物无声，否则只会激起无知者的反抗情绪和传播不良风气。高校教师责任重大。课本内容也需要改进，千千万万理论知识固然重要，但内化于心才是最重要的，让学生真正信服才是目的。”

“枯燥乏味，希望充满幽默感。”

“多多开展讲座。”

“希望老师能多结合当下热点问题联系课本知识教授知识。”

“不断创新，与时俱进。”

“多与现实联系。”

“不要过于形式化。”

“培养实事求是的马克思主义者，同时具有独立自由之精神。”

“加强与实际的联系。”

“不要照本宣科。”

“课堂改为讲座式，用事例讲解理论，同时改变考试形式。”

三、山东省高校思想政治理论课现状问卷调查基本结果

通过对上述数据的分析发现，从总体上而言，受访大学生普遍具有较高的精神境界，爱国，有理想，有正确的人生观和价值观，有较高的奉献精神，能够认识到社会价值的重要性，有正确的成功观、幸福观，并都认识到奋斗是青春的底色，普遍关心时事政治，对于自身的学习、生活、未来有着浓厚的兴趣和持久的关注度。大多数受访学生对思想政治理论课持肯定评价态度，比较喜欢学校开设的思想政治理论课，认为思想政治理论课的开设和学习十分有意义，但对教学供给主体、内容、形式等有较高的要求和期许，并在一程度上对当前的思想政治理论课教学一些做法有不满。

（一）大学生思想与行为

在爱国问题上，绝大多数受访大学生（问卷结果显示 94.34％的受访学生会因为在国际比赛中中国国旗升起而感到骄傲）有着强烈的爱国情感，能理解爱国主义的重要意义（但爱国问题的设计还是稍显单薄，未深入和拓展）。

绝大多数的受访大学生（97.17％）认为加入中国共产党是光荣的事情，其中 58.18％的受访者将“加入中国共产党视为荣耀，认为对于激励自我、发展自我有积极的影响”，30.50％的受访大学生认为“中国共产党的宗旨、作风、纪律等要求对于自身成长有很大的帮助”，当然有少部分受访学生（8.50％）是从今后的职业发展来考虑加入中国共产党的影响，比前两者功利性稍强。

受访大学生中有约 1/3（32.08％）选择“主动选择西部或农村就业，扎根基层，不管是否有补偿条件”，这部分学生有着强烈的奉献精神，吃

苦耐劳，主动选择社会最需要他们的地方去工作；有近一半的受访同学(47.64%)选择去西部工作，先就业，再通过边工作边学习的方式，支援西部2年后再继续考研究生深造。这两个选择的受访学者都有为西部或者农村服务同时促其发展的主观愿望。仅有1/5的受访学生在这个问题上首先考虑的是个人的自我价值实现和自身物质上的满足(是否有发展和升值空间；是否有大笔安家费，待遇优厚)。

大多数(80.50%)受访学生关心时事政治(包括"特别关心"的20.28%，"比较关心"60.22%)。

有一半多(56.60%)的受访大学生"崇尚奉献精神，愿意牺牲自己的某些利益为别人谋好处"，可见他们具有较高的思想境界，有着正确的价值观。有大概1/3(38.99%)的受访者选择"不一定"。相信在学校、家庭、社会的共同合力教化下，会有更多给出肯定答案的学生。

在处理奉献与索取的关系上，半数多(63.52%)的受访者较能处理好两者的关系，虽然有近1/3(28.30%)的受访大学生没有刻意衡量，但可以看出对于奉献重于索取的认知度还是比较高的。

在对待自我价值和社会价值的关系上，大多数(84.90%)的受访大学生表示会处理好两者的关系，在努力实现社会价值的过程中追求自我价值的实现(而且有1/5的受访者选择"时刻顾全大局，达到社会价值最大化")，这与前一个问题的答案[有一半多(56.60%)的受访大学生"崇尚奉献精神，愿意牺牲自己的某些利益为别人谋好处"]是比较吻合的，在这里多出来的1/5的受访者应该是在"不一定"选项中能够"追求二者的统一"的。

绝大多数受访大学生能够有比较正向的对于成功的理解(包括"事业有成""充分发挥自己的才能""有益于国家和人民""受人尊重")，还有约1/3(32.70%)的受访者认为以平常心对待一切就很好，追求稳定。当然还有一些大学生认为权力和金钱的拥有才是成功，过于重视物质层面的获得，而忽视精神层面的提升。

在获得成功的途径的选择上，大多数受访者(81.76%)会通过自己的努力工作去达到成功(包括“读大学,毕业后努力工作”和“艰苦创业,靠自己打天下”),有11.96%的受访大学生追求名利、权力、财富,所以会选择通过“做官从政,拥有权力”“参加选秀节目,一举成名”“中彩票,获巨额财富”实现其所理解的成功。

在选择工作上,一半以上的受访者(59.12%)对于工作的选择是以自己的喜好以及才能发挥为标准的。

绝大多数受访学生(89.94%)会选择用自己的奋斗去实践幸福,这与在选择成功的途径的问题的回答上基本吻合,绝大多数受访大学生还是认同奋斗才是青年实现价值、达到成功、获得幸福的途径。

近半数受访大学生(49.06%)期望上大学不断提升自己以便将来实现自己的理想抱负,有约1/3的受访者(37.11%)将上大学的目的定义为找份好的工作,这里也蕴含着期望自身综合素质的提高,成为德才兼备的人才,找到好的工作。

大多数受访者(81.76%)在日常会比较关注自己将来的目标比如考研和毕业找工作,关注日常的生活和学习问题,关注国际或国内时政话题,有不到1/5的受访大学生(18.24%)日常经常会谈论谈恋爱、打游戏以及八卦娱乐新闻。

大多数受访大学生(89.31%)都是通过思想政治理论课了解到的马克思主义,当然也还有许多校园内途径和校外途径(包括“大众传媒”“政策文件、规章制度”“校园文化宣传”“学生社团”“党课”“社会实践”“理论通俗读物”)帮助大学生了解和走进马克思主义。

大多数受访学生(71.70%)仍然认为通过思想政治理论课的学习对马克思主义的印象最深刻,接下来让大学生印象最深刻的途径依次是“党课”“社会实践”“大众传媒”“理论通俗读物”“政策文件、规章制度”“学生社团”“校园文化宣传”。可见,大学生通过校内思想政治理论课、党课和社会实践的途径对马克思主义印象最为深刻。

一半以上的受访大学生(63.05%)在生活和学习中遇到困难的时候,会用马克思主义相关理论和方法去解决实际问题(包括“很自然地运用""有时会""偶尔会")。当然还有一半的受访学生对于应用马克思主义理论和方法解决实际问题没有意识(包括"一般不会""不知道哪些是马克思主义理论和方法""从来没有")。

一半以上的受访大学生(55.66%)认为思想政治理论课提高大学生的思想政治素质比较有效,选择"通过班级开展民主生活会""通过相关讲座""学校、院系日常思想政治教育""通过网络思想政治论坛进行教育"这四种途径的同学基本持平。

以上问题分析的结果可以不同程度反映出当代大学生关于爱国、理想信念、人生观、价值观、成功观、幸福观、政治参与度、获取马克思主义的途径以及马克思主义理论和方法应用等方面情况。从总体上而言,受访大学生普遍具有较高的精神境界,爱国,有理想,有正确的人生观和价值观,有较高的奉献精神,其能够认识到社会价值的重要性,努力平衡社会价值的实现与自我价值的实现,力求在奉献社会、服务他人的过程中不断实现和发展自我的能力和才华,有正确的成功观、幸福观,并都认识到奋斗是实现梦想、通往成功、达到幸福的最好途径和桥梁,普遍关心时事政治,对于自身的学习、生活、未来有着浓厚的兴趣和持久的关注度,能认识到大学的培育是提高其思想道德水平和知识才能的关键环节和重要阶段,对于马克思主义的认识重要来源于思想政治理论课,但对于其应用稍显逊色。

(二)高校思想政治理论课认同状况与建议

此部分的调查结果主要集中在教师主体、教学内容、教学方式、课堂实践和课外社会实践等方面。

大多数受访学生(72.96%)认为学习思想政治理论课的目的是"学习思想政治理论,形成正确的'三观',不断提高自己的精神境界";有一部分学生(45.91%)认为通过学习思想政治论课提高了自身的思想政治素质,可以为今后的入党、从政奠定良好的思想基础;当然还有许多受访大学生(52.83%)考虑到上思想政治理论课是要拿到相应的学分。

大多数受访学生(69.81%)能够按时去上思想政治理论课,从不逃课;约有三分之一(30.19%)的受访大学生会逃课(包括“偶尔逃课”和“经常不上课”)。在逃课的原因上,74.53%的受访大学生认为逃课的原因在于课程的问题,要么是教师“上课枯燥,实在听不进去”;要么是学生自身对于思想政治理论课的认同感较低,认为“课程没有意义,不如利用时间学习实用的东西”。还有许多同学是由于自身的其他原因选择逃课(“社团活动和其他事务繁忙”27.67%,“专业课压力比较大”25.16%,“懒散,对自己要求比较低,受到同宿舍舍友及其他同学的影响,比较容易放任自己”17.61%)。

有61.01%的受访大学生认为思想政治理论课教学中教材文字比较枯燥,理论与现实相脱节。半数以上(58.49%)的受访者对于教学模式有意见,不满于灌输型的教学模式,学生参与度较低。近一半(49.06%)的受访大学生对思想政治理论课教师不满,认为其照本宣科,缺乏创造性。还有小部分受访者(28.30%)觉得与思想政治理论课任课教师有代沟,沟通交流有困难。有半数受访大学生对教学内容无兴趣,只是为了应试,拿到学分。

半数以上(62.58%)受访大学生喜欢(包括“很喜欢”和“比较喜欢”)学校所开设的五门思想政治理论课。有1/3的受访者选择“不太喜欢”,他们没有选择“不喜欢”,说明还是有认同成分的,只是受一些因素的影响对思想政治理论课有意见,有不满。

从思想政治理论课留给学生的印象上可以看出端倪,受访学生认为其所学习的思想政治理论课存在着一定的问题,“空泛,讲大道理”“背诵”“脱离实际”,而有1/5(21.38%)的受访学生认为其所在学校的思想政治理论课能够密切联系实际。

占比最高(54.09%)的受访学生偏好的教学方式是“将教学内容与现实热点焦点问题或者其他案例材料相结合,从而拓宽视角,既加强理论解释力,又为学生看待现实问题提供价值方向”,也即学生喜爱理论联系实际的教学方式。此外,受访学生对于“互动教学,教师与学生共同讨论、解决问题”和“走出课堂、走进生活，切身感悟、实践”存在相同的偏好。还有1/3以上的受访者赞同“邀请专家学者、道德模范、老兵或领导干部等为学生作报告，上思想政治理论课，解答疑惑”，对于教学方式的创新——线上线下结合（慕课、微课或翻转课堂）有近1/5的学生认同。但受访学生认为其所在的学校的思想政治理论课教师多是思想灌输（57.23%），单纯地实施教学（35.85%）。

有42.14%的受访学生赞成思想政治理论课引入慕课、微课或翻转课堂这种授课方式，占比44.03%的受访者“较赞成，可以适当应用，但应以传统课堂授课为主”。将这一结果与前一个问题比照，可发现如果课堂教学能够紧密联系现实，多采取互动和启发式参与式教学，学生就会将线上线下结合的授课方式作为次要选择。

受访学生对于思想政治理论课教师主体有着较高的要求，思想政治理论课教师首要具备的素质是德行（65.41%），其次是贴近大学生的生活，了解他们尊重他们，并能用马克思主义相关理论和方法帮助他们疏导和解决在思想中、生活上以及学习时遇到的各种问题（62.89%）。再次是理论功底和专业素养的要求（54.09%），接着是“课堂对时事的讨论交流”（53.46%），最后是“激发学生的政治参与性”（47.8%）素养。

受访学生普遍喜欢思想政治理论课教师授课话语方式是“幽默风趣”的（61.01%），还有部分学生喜欢教师话语风格是“言语犀利”（11.32%）、“严肃，以表达理论为主”（10.69%）、“朴实流畅”（8.81%）、“充满感情”（8.18%）的。

大多数受访者（86.16%）所在学校的思想政治理论课开展实践活动（包括“经常开展”和“偶尔有”），但是“经常开展”实践活动的思想政治理论课还是占比较少，仅为28.93%，还不到1/3。受访大学生所在学校的思想政治理论课大多都有课堂实践环节（86.16%），而课外实践环节在受访者的思想政治理论课中占比大概是一半。

受访大学生所在学校有课堂实践的思想政治理论课实践活动形式包括“演讲”“辩论”“微视频”“情景剧”“朗诵”“微电影”等，其中学生最喜爱的思想政治理论课课堂实践形式是“微视频”(37.11%)和“情景剧”(37.11%),其次是“演讲”(32.70%)、“微电影”(31.45%)、“辩论”(29.56%)、“访谈”(18.87%)、“朗诵”(13.84%),此外还有在选择“其他”中填写“唱歌”“模拟法庭”等等。

受访大学生所在学校的思想政治理论课的有课外社会实践的,课外实践形式有“参观有教育意义的红色景区、实践基地等”“观看有教育意义的影片”“参加相关文艺活动”“走进农村、社区和企业,亲身体验”。半数受访大学生更喜欢思想政治理论课的课外社会实践形式是“参观有教育意义的景区、实践基地等”(50.31%),其次是“观看有教育意义的影片”(41.51%),再次是“走进农村、社区和企业,亲身体验”(38.36%),最后是“参加相关文艺活动”(28.93%)。

大多数受访者(87.42%)所在的学校相比于其他课程在课时、考核、资源等方面对思想政治理论课是重视的(包括“十分重视”和“重视,但不充分”)。

大多数受访大学生(84.27%)家长对高校开设思想政治理论课有认知,16.35%受访者的家长非常了解,67.92%受访者家长知道有思想政治理论课但并不是很清楚课程的具体内容。近七成的受访者家长比较支持学校开设思想政治理论课,认为其是“十分有必要的课程”;还有三成受访者的家长认为思想政治理论课没有意义,会占用学习时间。

对于开放性的问题“对高校开设思想政治理论课的意见和建议”,受访学生提出了许多建议和意见:受访大学生还是比较认可思想政治理论课的价值和意义的,认为“积极开展思想政治理论课,有利于身心健康”,“很有必要开设思想政治理论课”,“学校要重视思想政治理论课的开展,课程开展得好,学生会受益匪浅,对自身良好品德的养成也有很大的影响”,“挺好的”。学生们提出的意见虽然很直白犀利,但是对于提高思想政治理论课供给很有价值。有的受访学生认为课程枯燥需要改革,如“课程枯燥,实际意义不太大,需要改革”,“枯燥乏味,希望充满幽默感”,“不断创新,与时俱进”。有学生提出不要为了考试而设置课程，如“脱离现实，只为应试，于学生无益”，“不要以考试为目的，要让学生切实学到东西”，“尽量避免大谈理论”，“不要过于形式化”，“不要念书，照本宣科”。对于教学内容、方式和方法，学生提出了自己的意见和建议，如“多多启发学生”，“希望能在思想政治理论课上看到理论的解释力，能与学生关心的问题接轨，也希望考试的内容能与平时老师所讲东西接轨，而不是一味让学生在考前背题”，“希望老师能多结合当下热点问题联系课本知识教授知识”，“要贴合实际”，“多与现实联系”，“加强与实际的联系”，“不必用理论使劲灌输，要靠日常润物无声，否则只会激起无知者的反抗情绪和传播不良风气，高校教师责任重大”，“课本内容也需要改进，千千万万理论知识固然重要，但内化于心才是最重要的，让学生真正信服才是目的”，“多多开展讲座”，“课堂改为讲座式，用事例讲解理论，同时改变考试形式”，“培养实事求是的马克思主义者，同时具有独立自由之精神”等。这一部分题目的设置旨在考察受访学生对思想政治理论课的看法和意见，希望了解到思想政治理论课供给现状以及供给对象——学生对于思想政治理论课的反映，以便思想政治理论课供给主体有更深刻的思考，改革供给结构，结合社会和学生的需求，提高供给的精准度和有效性。

从受访大学生对于问题的回答结果上看，大多数受访学生对思想政治理论课持肯定评价态度，比较喜欢学校开设的思想政治理论课，认为思想政治理论课的开设和学习十分有意义，可以学习到思想政治理论，形成正确的世界观、人生观、价值观、道德观等等，可以激励自身为实现远大抱负而努力，不断提升思想境界。但是也有近三成的受访者会逃课，或偶尔逃课或经常逃课。究其原因，主要在于课程枯燥，不愿意去上课；有一部分学生对思想政治理论课缺少正确的认知，认为其无意义可有可无，所以逃课；还有学生是因为社团活动、专业课和自身要求低以至于逃课。因此，提高学生对于思想政治理论课的认同度和课程的到课率是调动学生主动学习性的首要前提和条件，当然学校和教师课堂的严要求以及奖惩措施的实施很重要。但真正要建立起促使学生发自内心地去上思想政治理论课,还要靠思想政治理论课课程内容本身和教师的魅力。这就需要思想政治理论课供给侧进行改革,不断提高到课率、"抬头率",真正做到入脑入心。

受访学生认为当前的思想政治理论课教材和内容与现实相脱节,教师教学模式是灌输式、照本宣科,且与之沟通起来有问题,考试与背诵相挂钩。不管在选择性的问题中还是开放性的主观问题中,受访学生都表达了其对于思想政治理论课的要求:要紧密联系现实的热点焦点问题或案例材料,贴近其生活,为其解答社会中的种种现象和出现的问题,显示出理论的强大的解释力的魅力。学生并不喜欢教师课堂教授以独唱的形式出现,而希望师生共同探讨某些理论和问题。同时特别想有更多的社会实践,亲身体会和感悟社会与生活。此外,受访学生对于道德模范、专家学者等来课堂作讲座、答疑解惑也非常感兴趣。

关于教学方式,受访学生比较接受线上线下相结合的模式,认为慕课、微课、翻转课堂的形式很好,这可以反映出学生对于互动式教学、对话式教学和启发式教学的渴望和赞同。

受访学生认为思想政治理论课教师应具备高尚的德行,贴近其生活为其答疑解惑,专业功底和理论素养高,注重时事讨论,并且能够激发学生的政治参与度。对于当前思想政治理论课教师的思想灌输者、教学实施者角色不是很认同。

在授课话语方式上,受访学生更倾向于思想政治理论课教师比较幽默风趣。通过问卷调研发现,受访大学生的思想政治理论课实践活动多是课堂实践模式,且多以演讲、辩论、微视频、情景剧等形式进行,课外社会实践比较少,有课外实践的思想政治理论课的实践形式多是参观有教育意义的红色景区、实践基地,观看有教育意义的影片,走进农村、社区和企业,亲身体验等形式,也是受访者比较喜爱的实践形式。在这一方面,有的学校和教师考虑到学生的安全,较少组织课外社会实践,不过这种实践形式是学生比较期望和喜爱的,且也可以加深学生对于教学内容的理解、掌握和运用。

对于思想政治理论课的支持方面，学校在课时的设置上能够遵循中央和教育部的具体要求，在考核和资源等方面也比较重视，但仍然有重视程度不够充分的问题。党和国家提出重视思想政治理论课堂，并要建设“课程思政”，有利于推动学校层面实现思想政治教育全员全过程全方位育人机制。

家庭层面的思想政治教育也同样重要，“家庭是孩子的人生的第一所学校，家长是孩子的第一任老师，要给孩子讲好‘人生第一课’，帮助扣好人生第一粒扣子”①。家长对于孩子思想政治教育的认识要不断提高和加强，积极支持孩子上好思想政治理论课，同时不断提高自身的思想政治素养，以身作则，身教为先。

① 《习近平出席全国教育大会并发表重要讲话》，2018 年 9 月 10 日，中国政府网，http://www.gov.cn/xinwen/2018-09/10/content_5320835.htm。

第三章　供给侧视域下高校思想政治理论课存在的问题及影响要素

在选择调查样本时，为保证调查数据的层次性、针对性，结合院校地域、院校层次以及院校的特点，问卷调研重点选取了坐落在济南的山东大学本部、临沂大学、青岛大学和山东大学（威海）。这样的选择涵盖了比较全面的地域，具有一定的地域差异性和经济发展差异的特点。通过对于调查问卷数据进行分析，我们可以看出山东省高等学校学生的思想和行为现状以及思想政治理论课供给中存在的问题，为了更加有效、精准地进行思想政治理论课供给，同时也为其他地区提供借鉴和智力支持，笔者针对问卷中的问题进行了数据分析，发现其结果与之前文献分析整理出来的思想政治理论课存在的问题基本吻合。因此，本章结合此问卷数据分析结果和文献总结，重点分析、归纳高校思想政治理论课存在的供给问题，以及影响思想政治理论课有效、精准供给的因素，以期探寻出更好的供给策略和方法。

一、供给侧视域下高校思想政治理论课存在的主要问题

从教育产品的精准性、教育内容的易受性、教育模式的科学性、教育方式的创新性、教育介体的灵动性、教育主体的示范性等方面来看,高校思想政治理论课教育教学中存在“主观式、臆测式、游离式、脱节式、守旧式、独唱式”等问题。

(一)教育产品缺乏精准性,教育内容缺少易受性

王学俭教授认为高校思想政治教育的供给侧包括思想产品供给和教育服务,是精神生产的形式在高校思想政治教育领域的具体化。高校思想政治教育供给主要通过两种基本形式来实现:一是独立的思想产品,即思想政治教育者通过理论基础的研究和实践现实中的探索,科学深刻地把握了有关社会发展、教育活动、人的思想品德形成发展等规律,将此形成一定形态的思想产品,主要以学术论文、著作、教材和咨询报告等形式呈现。二是教育服务,这种教育服务与思想政治教育者的活动具有内在一致性,且是不可分离的。思想政治教育主要通过一系列的教育活动的展开将一定的思想观念、政治观点、道德规范进行传播、扩散,发挥教育内化的作用,这主要通过课堂教学活动、宣传活动、学术报告等形式呈现出来。[①] 本书将教育产品的内涵定义缩小在思想政治理论课本身。就教材而言,经过几次改版,教材已经将理论与实际结合得更加紧密,补充了许多十九大以来的新内容、新思想、新理论、新论断。高校思想政治理论课使用的教材是国家统一组织专家编写的,具有规范性、严

① 参见王学俭、杜敏:《高校思想政治教育供给侧改革探讨》,载《思想理论教育导刊》2017 年第 6 期。

谨性和高度概括性。作为教材，当然主要包括成熟完备系统明晰的理论体系，即马克思主义基本原理和方法以及马克思主义中国化等理论成果。然而，随着经济社会不断发展变化，尤其在具有信息化、网络化特点的现代社会中，新事物、新问题、新理念层出不穷，当代大学生都是网络原住民，其学习、生活、社会交往已出现与网络不可分割之势，且性格特点鲜明，极具个性化、独立性，喜欢新事物追逐新事物，权利意识、平等意识较强，对于父母、长辈、教师的言辞行为敢于质疑并能够坚持自己的观点。这样的学生群体的需求是多元的、复杂的，千差万别。

在问卷调查中，对目前开设的思想政治理论课课程（“思想道德修养与法律基础”“中国近现代史纲要”“毛泽东思想和中国特色社会主义理论体系概论”“马克思主义基本原理概论”“形势与政策”）的态度上，选择“很喜欢”的学生占比 11.32%。“比较喜欢”的学生占比 51.26%，“不太喜欢”的学生占比 33.96%，“不喜欢”的学生占比 11.32%。可见，大部分学生对于思想政治理论课的认同感都是比较强的。

在“你认为现在上思想政治理论课的主要目的”的问题上，72.96%的学生认为“学习思想政治理论，形成正确的‘三观’，不断提高自己的精神境界”，45.91%选择“为今后的入党、从政奠定良好基础”，有 52.83%“应对期末考试，拿到相应学分”，并且有 55.66%的受访学生认为思想政治理论课对于提高自身的思想政治素质是最有效的途径和办法。可见，大多数学生对于思想政治理论课的预期还是很高的，不仅要获得相关的理论知识，掌握认识世界、改造世界的科学方法以及分析问题、解决问题的能力，还要通过思想政治理论课的学习形成正确的世界观、人生观、价值观、道德观和法治观，培养自身强烈的使命感和责任感，修养自身良好的道德品质，不断提高自身的思想政治道德素养。

为什么对有着期望值如此之高的思想政治理论课，还会有 26.10%“不太喜欢”，有 11.32%“不喜欢”呢？为什么还会有 26.42%的学生“偶尔逃课”，3.77%的学生“经常不上课”？在“你逃课的原因”这一问题上，排除由于自身原因（“社团活动和其他事务繁忙”占比 27.67%，“专业课压力比较大”占比25.16%，17.61%的学生“懒散，对自己要求比较低，受到同宿舍舍友及其他同学的影响，比较容易放任自己”)，可以看到有42.14%的学生认为“上课枯燥，实在听不进去”，32.39%的受访学生认为“课程没有意义，不如利用时间学习实用的东西”。有61.01%的受访者认为“教材文字枯燥，理论与现实脱节”，59.75%的学生“对课程内容不感兴趣，只为了应试”，58.49%的受访学生觉得思想政治理论课课上多是“灌输型的教学模式，学生参与度低”，49.06%的学生认为“任课教师照本宣科，缺乏创造性”。

通过调查可以发现，不喜欢思想政治理论课的学生多数是对教师的授课内容不感兴趣，认为课堂内容枯燥，听不进去。学生认为教材没有吸引力，究其原因，还在于教师没有很好地将教材体系转化为教学体系，现有的教材是中宣部和教育部组织专家编写的，并且在十九大后进行了全面系统修订，其中与时俱进地增加了许多十八大以来的新成果，包括十九大的新提法、新论断，对于内容体系的安排也进行了调整，教材文字力求体现平易近人的话语和贴近现实、贴近生活、贴近学生的内容。但这也不能给思想政治理论课教师照本宣科提供借口和理由，因为世事瞬息万变，思想政治理论课教学内容固然要以教材中的基本结论、基本观点等理论体系为中心，不能随意任性发挥，但也不能只依赖教材，只讲书本上的理论和干巴巴没有温度、没有触感的内容，学生也不愿意听。长此以往，思想政治理论课留给学生的印象就是“空泛，讲大道理”(55.97%的学生选择)、“背诵”(45.28%的学生选择)、“脱离实际”(有37.11%的学生选择)。也正因为如此，学生也便认为思想政治理论课的开设毫无意义，就是在浪费时间，所以会出现逃课、上课的“低头族”。这也说明，作为教育产品的思想政治理论课缺乏针对性，内容不易受，高校思想政治理论课教育教学中存在游离性、脱节性问题，教学内容没有很好地、有针对性地结合需求侧——学生的个性化需求，教育内容适应性较差，灵活性不够，精准性缺乏。

理论的彻底性固然具有独特的魅力，但是理论的生命力还在于实践，在于用理论指导实践，分析现实中的新问题、新观点，从而作出正确、科学、合理的价值判断，这也正是学生所喜爱和希望的思想政治理论课课中应有之义。这也正印证了受访学生对于问卷中最后一个主观开放性问题的回答，多数学生都认为，思想政治理论课要贴合实际，多与现实联系，希望能在思想政治理论课上看到理论的解释力，能与学生关心的问题接轨，多结合当下热点问题联系课本知识教授知识，也希望考试的内容能与平时老师所讲东西接轨，而不是一味让学生在考前背题。考试只是一种形式，理论知识的掌握也固然重要，但内化于心、让学生真正信服，并外化于行才是最终目的。

作为思想政治理论课供给主体，教师要积极主动地分析和全面地把握思想政治理论教育的相关理论，并将教材体系打通，合理地转化为教学体系，深入浅出地联系实际，将教材中的规律性、系统性的理论体系转化为教学内容，熟练地运用马克思主义立场、理论、观点、方法对现实中的各种问题、理念、思潮进行解读和分析，积极引导学生形成正确的人生观、价值观，并积极运用学生能够接受并且喜闻乐见的教学形式和话语体系，提高供给对象对教学内容的接收度。

(二)教育模式缺乏科学性，教育方式缺少创新性，教育介体灵动性不足

在问卷调查中，半数以上(58.49%)受访学生认为思想政治理论课的教学模式存在“灌输型的教学模式，学生参与度低”的问题，有近半数(49.06%)认为思想政治理论课“任课教师照本宣科，缺乏创造性”。

在“哪种思想政治理论课课程授课方式您较喜欢”这一问题上，超过一半(54.09%)的受访学生选择“将教学内容与现实热点焦点问题或者其他案例材料相结合，从而拓宽视角，既加强理论解释力，又为学生看待现实问题提供价值方向”，一半多(51.57%)的受访者认为“互动教学，老师与学生共同讨论、解决问题”教学模式很好，还有 51.57%的学生选择“走出课堂、走进生活，切身感悟、实践”的形式，22.64%的受访大学生选

择“邀请专家学者、道德模范、老兵或领导干部等为学生作报告，上思想政治理论课，解答疑惑”，16.98%的大学生选择“线上线下结合，引入慕课、微课、翻转课堂等形式，课堂讨论相关问题，教师主要答疑解惑”。

在“您对思想政治理论课引入慕课、微课、翻转课堂（学生自主利用老师发布的视频完成知识的学习，课堂则变成老师与学生、学生与学生互动的场所，包括答疑解惑、知识的运用等）这种授课方式怎么看”的问题上，有42.14%的受访学生“很赞成，这种自由、活跃的课堂是大势所趋”，44.03%的学生“较赞成，可以适当应用，但应以传统课堂授课为主”，当然也有13.84%的受访者“不赞成，慕课、微课效率较低，难于实施，不适用中国学生和教学现状”。

以上调查结果说明，学生对于思想政治理论课教师上课教学模式、教学方法的运用是有意见的。受访学生普遍认为思想政治理论课课堂模式不合理、不科学，不符合学生自身的学习规律，没有很好地激发其学习的积极性、主动性和兴趣，教学方式老套、单一、僵化，缺少创新性和灵活性，课堂气氛沉闷，理论与实践结合较缺乏。

将教材体系很好地转化为教学体系的有效方法和载体是专题式教学模式。专题教学模式更具有科学性和针对性，是对整合后的教材重新进行科学性的设定，一个接一个专题地讲授给学生，每个专题在什么位置讲，起着什么作用，都有着合理的布设，使得整个教学内容更加系统化，是将教材协同化整合以后通过科学设定专题的形式讲授给学生，主题更加鲜明，重点突出。以东北师范大学为代表的部分高校都采取了专题式教学法，兼顾重点与整体。许多学者在教学方法上进行了探索并付诸实践，如冯秀军、李梁等学者对问题式教学法进行了探索和实践，在以问题为导向和中心的基础上，设计教学体系的内容和逻辑。[①] 案例式教

① 参见冯秀军：《用“问题链”打造含金量高、获得感强的思政课》，载《中国高等教育》2017 年第 11 期；李梁：《问域和答域：基于问题逻辑的思想政治理论课教学研究》，载《思想理论教育》2011 年第 13 期。

学可以很好地解决学生提出教学内容与现实相脱节的问题，在思想政治理论课中都广泛使用，大连理工大学马克思主义学院是全国比较典型的思想政治理论课案例教学示范基地，他们对案例教学的课型、原则、标准等进行了研究，形成了效果明显、针对性较强的案例教学课程体系。此外，有一些思想政治理论课教师还探索了互动式教学、探究式教学、参与式教学、对话式教学等新方法。但多数学校的思想政治理论课教学仍然存在教学新手段少、以说教为主、千篇一律、缺少活力、评价单一的问题。

2016 年，习近平总书记在全国高校思想政治工作会议上指出："做好高校思想政治工作，要因事而化、因时而进、因势而新。要遵循思想政治工作规律，遵循教书育人规律，遵循学生成长规律，不断提高工作能力和水平。……要运用新媒体新技术使工作活起来，推动思想政治工作传统优势同信息技术高度融合，增强时代感和吸引力。"①不断沿用好办法，改进老办法，创新新方法，不断增强针对性、时代感和吸引力。2017 年 4 月 20 日，教育部党组书记、部长陈宝生聆听了清华大学马克思主义学院冯务中副教授引领学生一起完成的一堂以"质疑'改革开放'思潮之辨析"为主题的思想政治理论课后，点评中充分肯定了清华大学思想政治理论课采取的"基于慕课的研究型与教学相长翻转课堂模式"的创新和成效，他认为这堂课"配方"新颖，问题意识强，体现了时代特色和社会关注的焦点，"工艺"精湛，将教师、学生和课堂主题紧密联系到一起，"包装"时尚有特色，运用现代技术手段。陈宝生强调，要进行教法攻坚，适合学生特点和需求，运用适当的方法将党丰富的思想资源和鲜活的实践案例生动地呈现给学生。2017 年 4 月 24～25 日，陈宝生部长在四川主持召开部分省份深化教育综合改革座谈会时指出，教育战线要从学理上、体系上、方法上对高校思想政治工作进行综合探索，聚焦主题，研究问题，形

① 习近平：《把思想政治工作贯穿教育教学全过程开创我国高等教育事业发展新局面——在全国高校思想政治工作会议上的讲话》，2016 年 12 月 8 日，新华网，http://www.xinhuanet.com/politics/2016-12/08/c_1120082577.htm。

成一整套具有中国特色、以育人为核心的思想政治工作理论体系、教材体系、制度体系和方法论。2017 年 4 月 26～27 日，陈宝生在辽宁调研时强调，新时期高校思想政治理论课要在提高质量和水平方面多做探索、突出特色，要认真研究思想政治理论课教学方法，为学生提供色香味形俱佳的精神大餐。

当今时代，网络已成为知识、信息、思想传播和交流的重要领域，是当代大学生学习生活的新空间，互联网的发展尤其是手机与互联网的结合，重新构设了思想政治理论课的教学环境，也给思想政治理论课教学带来机遇与挑战。思想政治理论课供给主体要善于运用互联网，积极借助新技术、新手段、新方式，尝试引入慕课、微课、翻转课堂或者网络 APP 等教学手段，探索“互联网＋”背景下新的教学模式，运用新的教学方法和多元化的教学介体，在智能手机等移动端上传教学参考视频等材料，发起新话题，引导学生积极互动、发弹幕、点赞、吐槽。在这一方面已经有部分大学的部分教师探索出了适合学生的特色性的精致大餐，如清华大学教师刘震、冯务中实行的慕课课堂，上海交大的“1＋4”模式，武汉大学慕课学生抛问题、教师小时内解答，江南大学的《宝哥说》，等等。这为其他高校教师改革教学模式、运用新方法新技术提供了良好的借鉴。

(三)教育供给主体存在的问题

思想政治理论课是高校学生思想政治教育的重要组成部分，是大学生的必修课，主要针对大一、大二的本科生，它是以提高大学生思想水平、政治觉悟、道德品质、文化素养，帮助大学生成长成才为主要任务和目标的，融思想性、理论性、政治性、知识性、综合性和实践性于一体。思想政治理论课的供给主体主要是指高校从事思想政治理论课教育教学活动的专职教师，以及辅导员、思想政治工作专任干部和相关哲学社会科学专业课教师等。如何应对新形势、新问题，为学生提供符合需求的思想政治理论课，教育的主要实施者——供给主体的素质和能力是关键。我国正处于社会转型加剧、全面深化改革的关键时期，网络信息技术的飞速发展、文化的交汇融合，导致社会文化发展的多元化、人们价值观念和取向的多元化，这使得高校思想政治教育的生态、对象、内容、方式随之发生了巨大的变化。因此，新态势下加强思想政治理论课课程供给主体建设是提高思想政治教育实效性的决定性因素。

1. 思想政治理论课供给主体理念滞后

由于网络技术、传播媒介的快速发展，“互联网＋”时代已经全面开启。人们的生活方式、工作方式、交往方式、思维模式都发生了变化，人们处于与网络互联互融的态势，并且已经成为新常态。当今高校已经全面进入“00 后”时代，他们年轻、活跃，对于新生事物接受的速度非常之快，求变、求异、求新，是网络时代的原住民、体验者和拥护者，他们获得信息和知识的渠道更加便捷和开放，打破了通过长辈、教师获得信息、知识和技能的传统模式，由于他们接受新生事物之快，也使得他们通过各种方式在网上获取的信息更海量、更多元。而有些思想政治理论课教师，尤其是年龄较长的教师，不愿意接受新生事物，对于互联网技术以及传播媒介关心不够，且很少采纳，仍然用传统的课堂教学灌输理念来进行思想政治理论课教学，忽视了学生的需求和个性，模式僵化、守旧，教学方法单一，课堂上缺少互动，出现“独唱”模式，且理论与实践严重脱节，形成了主观臆测教学模式和游离式教学模式。思想政治理论课中的某些课程比如“思想道德修养与法律基础”课与其他思想政治理论课有所不同，有其自身的特点和要求，除了专业知识的传授外，更注重解决学生遇到的实际问题，更注重进行人格教育以及提高学生思想政治素养、道德素质和法律素质，这就要求“思想道德修养与法律基础”课教师要贴近学生需求、关注社会发展，致力于帮助学生健康成长成才。而落后的教学理念和模式会使学生反应冷漠，甚至厌烦、排斥，导致供给端与需求端处于失衡状态。

2. 思想政治理论课供给主体自信缺失

高校思想政治理论课是巩固马克思主义指导地位、坚持社会主义办学方向的重要阵地，是培养社会主义事业合格接班人和建设者的主干渠道，是进行社会主义核心价值观教育、帮助大学生树立正确的世界观、人生观、价值观的核心课程，其地位和作用举足轻重。但事实上，较之专业课，很多高校对思想政治理论课不够重视，尤其是思想政治理论课中的“思想道德修养与法律基础”课，更被认为是“备备课人人都能上”的课程，对于其马克思主义理论学科重要组成部分的地位认识不足。有相当一部分学生轻视思想政治理论课，有的认为其不是专业课，对将来的就业或考研意义不大；有些理工科学生对人文社会科学缺乏兴趣；还有的学生认为其就是中小学思想品德课的重复。当然，学生对于思想政治理论课的轻视除了个人主观认知的原因外，还受到学校以及社会大环境对思想政治教育不够重视的影响。另外，思想政治理论课供给主体、教学内容和形式不能很好地满足学生的需求，也是学生轻视、忽视思想政治理论课的主要影响因素之一。思想政治理论课教师的工作得不到学校、社会和学生的认同和重视，长此以往，教师缺乏对自身以及思想政治理论课教学的自信心，也逐渐不认同自己的专业身份，甚至羞于承认自己是思想政治理论课教师。

3. 思想政治理论课供给主体轻教重研

由于长期在教学中受到轻视，许多教师找不到自身的价值和工作的意义，往往放弃对教学内容、教学资源、教学方式的探究，而将全部精力投入科研工作中。有相当多数的高校将论文、专利、项目和经费等方面的数量过分指标化、目标化，在教师职称评聘和收入分配中过度依赖量化指标，忽视对于教学的重视。有的教师为了完成聘期任务不得不放松教学去做科研。有的教师为了评职称，弱化教学，大部分时间都在撰写论文、申请项目。还有的教师为了提高收入，全力搞科研，因为课时费相较于科研奖励微乎其微，且讲课又耗时费力得不到认同。英国著名的教育家约翰·亨利·纽曼认为，大学是传授普遍知识的地方，教师的职责是与学生相联系的，是传授知识。当然，大学不仅仅是传授知识的场所，大学的功能还包括探求真理和服务社会，但传授知识是三大功能中最核心、最基本的功能。大学的根本任务就是培养人，就是要培养有道德、有智慧、懂礼仪、有学问的人，大学就是传授知识和技术、训练思维、提高能力、修养品格的地方。当然，科学研究对于培养人的创造力、提高教师教学水平、增强学生学习的有效性起到了非常重要的作用，是大学教育非常重要的功能，但一味地重视科研轻视教学的观念和做法，无疑与大学办学理念和初衷背道而驰。

4. 思想政治理论课供给主体缺乏合力

“思想政治教育工作队伍是加强和改进大学生思想政治教育的组织保证。大学生思想政治教育工作队伍主体是学校党政干部和共青团干部、思想政治理论课和哲学社会科学课教师、辅导员和班主任。”①高校现有思想政治理论课的主要供给主体是思想政治理论课专职教师和辅导员。许多高校是由思想政治理论课专职教师来承担思想政治理论课教学工作的；有的高校在有些思想政治理论课程比如“思想道德修养与法律基础”课，不设课程专职教师，而是由辅导员、思想政治工作专任干部来承担“思想道德修养与法律基础”课教学工作；有的则是二者兼而有之，部分专业的“思想道德修养与法律基础”课由专职教师承担，部分专业由辅导员、思想政治工作专任干部承担。思想政治理论课专职教师有着扎实的理论基础知识，有较高的教学科研能力和水平。辅导员、党团组织干部是高校学生日常思想政治教育和管理工作的组织者、实施者和指导者，了解学生日常生活状态，主要负责对学生思想、行为的引导和管理。思想政治理论课尤其是“思想道德修养与法律基础”课，是融政治性、思想性、知识性、综合性、日常性、实践性为一体的课程，两支队伍缺一不可。但现实中，这两支队伍或是缺乏或是处于各自为政的状态，没有形成合力和联动。单纯由“思想道德修养与法律基础”课专职教师授课，缺少与辅导员交流协同，会导致其缺乏对学生思想、生活的动态了解，缺少对大学生成长的贴近。单纯由辅导员全程授课，由于其思想政

① 《中共中央国务院关于进一步加强和改进大学生思想政治教育的意见》，载《人民日报》2004 年 10 月 15 日。

治教育理论功底相对薄弱，所以在课程讲授时比较浅显，理论讲述不透彻，不能很好地以理论去感染人。为了避免短板，有的辅导员甚至将“思想道德修养与法律基础”课变成班会、团会，使得“思想道德修养与法律基础”课作为思想政治理论课变了味。

二、影响高校思想政治理论课供给的要素分析

本部分重点围绕教育主体“理想缺失，精神倦怠，协同不足，培训和保障机制滞后”、教育对象“独立、个性、自我，明辨力差”、教学生态环境“疏离、虚化，缺乏保障和落实”三个方面阐释影响思想政治理论课供给的要素。

（一）供给主体理想缺失，精神倦怠，协同不足，培训和保障机制滞后

1. 高校思想政治理论课供给主体理想缺失，缺乏信愿力

习近平总书记在 2016 年“七一”重要讲话中 7 次提到“理想信念”。他认为，理想信念是共产党人精神上的“钙”，没有理想信念或者理想信念不坚定就会“缺钙”。同样，理想信念也是思想政治理论课教师的“钙”，自身没有坚定的理想信念，如何能够培育合格的社会主义接班人？高校思想政治理论课不同于其他的专业课，除了知识性的传授外，更多的是对大学生进行马克思主义理论教育，帮助学生确立马克思主义信仰，坚定对中国共产党的信任，坚定中国特色社会主义的信念，坚定实现中华民族伟大复兴的信心。思想政治理论课教师唯有对马克思主义和中国特色社会主义真信、真懂，才能在教学中真用，用自己的真心去感染学生，使学生相信马克思主义并将其内化为坚定的信仰。许多思想政治理论课教师本身对马克思主义持着“将信将疑”的心态，不完全认同教材，教学得过且过，不相信马克思主义，也不愿意花费精力进行马克思主

义理论的深入学习和教学。

2.高校思想政治理论课供给主体职业倦怠，缺乏持久力

“思想道德修养与法律基础”课基本都是在高校新学期开学对所有新生开设，大一新生正处于中学到大学学习生活的过渡期，帮助其尽快适应新学校新学期新生活是“思想道德修养与法律基础”课教师的主要职责之一。“中国近现代史纲要”“毛泽东思想和中国特色社会主义理论体系概论”“马克思主义基本原理概论”也都要在大一、大二完成，而“形势与政策”课要涵盖大学四年。但由于思想政治理论课课程基本都是大班授课，每个班级都在百人以上，一个教师基本都带三个教学班级，较之专业课教师，教学工作量非常大，教师工作繁重，时常会陷于倦怠。加之思想政治理论课不受重视的地位，也让教师疲于教学，只是应付了事。有的思想政治理论课教师由于从事教学的时间比较久，习惯固守成规，不够贴近社会，难以适应形势，对于时下信息社会带来的新生事物缺少接纳、学习的意愿，对于网络、媒体不愿接受和学习，缺乏对于教学学习探究的主动性和持久性。“少而好学，如日出之阳；壮而好学，如日中之光；老而好学，如秉烛之明。”①习近平总书记多次谈到学习的重要性，他认为，学习是党和国家不断发展壮大的武器。马克思主义在中国不断发展，党和国家方针、政策也在不断变化，现代社会瞬息万变，科学技术不断更新，信息、知识飞速激增，作为以树立学生马克思主义信仰，提高学生思想政治素养、道德素质和法律素质为己任的思想政治理论课教师，必须要树立终身学习的理念，了解马克思主义在中国的新发展、新成果、新论断，贴近社会，更新知识技术，圆满完成党和国家赋予的使命，培养出社会主义合格、可靠的建设者和接班人。

3.高校思想政治理论课供给主体培训滞后，缺乏创新力

为了提高思想政治理论课的教学水平，加强马克思主义理论学科建设，许多高校大力引进思想政治理论及相关专业高学历人才，但却往往

① (汉)刘向:《说苑·建本》。

忽视在职教师和引进教师的培训。有的高校思想政治理论课教师数量不足，教学任务繁重，工作压力较大，教师继续攻读学位或者参加培训有一定的难度。一些边远落后地区的高校和民办高校的思想政治理论课教师可以享受的资源极其有限，缺少参加培训和学习的机会。有的高校更加注重科研，对于教学理念、教学内容、教学形式、教学技巧和多媒体等的培训较少开展，且支持不够，尤其缺少对于年轻思想政治理论课教师进行思想政治素养和现代教育心理学的岗前培训，缺少对于思想政治理论课教师进行新形势、新教材、新媒体、新技术的培训。学习、培训、提升机制的滞后，使得思想政治理论课教师惯于旧传统、旧思维、旧形式教学，缺乏与时俱进的创新思维和实践，很难跟上时代的步伐，往往会落后于学生的信息知识，难以开展有效的教学。

4.高校思想政治理论课供给主体协同不足，缺乏合作力

《中共中央宣传部教育部关于进一步加强和改进高等学校思想政治理论课的意见》中指出：高校要按照专兼结合的原则，不断优化和充实思想政治理论课教师队伍。这就给思想政治理论课供给主体提出了要求：专兼结合。也即思想政治理论课专职教师负责主要教学工作，专任思想政治工作干部和辅导员有条件的可承担一定的思想政治理论课教学任务，鼓励相关专业课的教师承担一定的思想政治理论课教学任务。同时，学校要聘请理论研究单位和实际工作部门的专家学者以及领导干部开设专题讲座，有条件的高校要建立校际教师互聘、优势互补之间的协作，邀请离退休的哲学社会科学著名专家学者作报告、做顾问，形成合作力，协同育人。但是在实际教学工作中，这种合作还基本没有建立起来，协同不足。有的专任思想政治工作干部和辅导员主要从事学生日常事务和相关行政事务的管理，无暇从事教学工作；有的承担教学工作的也存在理论功底薄弱、讲授浅显缺乏深度的问题。有的相关专业课的教师本身对于思想政治理论课存在偏见，不愿意承担相应的教学任务，有的虽然承担了一定的教学工作，但是教授过于专业化，忽视了思想政治理论课的思想性和政治性。专家学者和领导干部等的讲座也是时有时无，

缺少制度安排。高校思想政治理论课供给主体总体上处于分散的状态，缺乏协同的制度化，没有形成协同育人常态化。

5.高校思想政治理论课供给主体保障机制滞后，缺乏推动力

现有的高等教育领域，组织机制滞后，严重束缚了教师的提升和发展自我的动力。首先，师德考核缺乏操作性。高校思想政治理论课，尤其是“思想道德修养与法律基础”课，目标就是提高学生思想道德素质。教师作为课程的讲授者、学生的培养者，首先要有“德”，必须要遵守社会公德、职业道德和家庭美德，不断提高自身的道德修养。高校现有对于师德的考核机制空洞，缺乏可操作性，大都只在文件中要求“立德树人，为人师表”，缺乏有效的可操作的管理和考核办法。其次，考核评价制度偏颇，重研轻教，重量轻质。高校在对教师进行考核时，过分注重科研，唯论文、唯项目倾向严重，对教师的教学工作重视不够，教学业绩在校内业绩分配、职称评聘、岗位晋升、薪酬奖励的考核比重中微乎其微，只要达到合格及以上，基本只注重科研成果。在科研评价中，过分强调论文数量，将科研项目和经费数量过分指标化。此种机制和导向，会使得部分教师失去从事思想政治教育教学工作的主动性、积极性，消极怠工，转而将主要精力用于从事科研。

（二）教育对象独立、个性、自我，明辨力差

青年是国家和民族的未来，青年兴则民族兴，青年强则国家强。习近平总书记高度评价青年的地位和作用，多次讲话谈到青年是祖国的未来、民族的希望，青年是社会主义建设者，担负着国家发展、民族复兴的重要历史使命，是促进国际交流、维护世界和平的重要力量。十八大以来，习近平总书记站在发展中国特色社会主义、实现中华民族伟大复兴的高度，对青年学生的教育问题进行了深度思考，提出了一系列新论断、新思想、新要求，对“如何认识青年学生，如何教育引领青年学生，如何发挥青年作用”等问题作出了科学而深刻的回答，形成了思想深刻、内涵丰富、科学系统的青年教育观，是引领当代青年教育的重要理论指导和行

动指南。

习近平总书记认为，当代青年有报效祖国的远大志向、朝气蓬勃的精神风貌、自强不息的意志品格、甘于奉献的思想境界，广大青年对中国特色社会主义有坚定的信念，对实现中华民族伟大复兴有必胜的信心。青年最富有朝气，最富有梦想。近代以来，我国青年不懈追求的美好梦想，始终与振兴中华的历史进程紧密相连。在革命战争年代，广大青年满怀革命理想，为争取民族独立、人民解放冲锋陷阵，抛洒热血。在社会主义革命和建设时期，广大青年响应党的号召，向困难进军，向荒原进军，保卫祖国，建设祖国，在新中国的广阔天地忘我劳动，艰苦创业。在改革开放新历史时期，广大青年发出“团结起来，振兴中华”的时代强音，为祖国繁荣富强开拓奋进，锐意创新。[①] 2014 年 5 月 4 日，习近平总书记在北京大学师生座谈会上指出：“现在在高校学习的大学生都是 20 岁左右，到 2020 年全面建成小康社会时，很多人还不到 30 岁；到本世纪中叶基本实现现代化时，很多人还不到 60 岁。也就是说，实现‘两个一百年’奋斗目标，你们和千千万万青年将全过程参与。有信念、有梦想、有奋斗、有奉献的人生，才是有意义的人生。当代青年建功立业的舞台空前广阔、梦想成真的前景空前光明，希望大家努力在实现中国梦的伟大实践中创造自己的精彩人生。”[②]2015 年，他在致全国青联十二届全委会和全国学联二十六大的贺信中强调：“‘士不可以不弘毅，任重而道远。’国家的前途，民族的命运，人民的幸福，是当代中国青年必须和必将承担的重任。一代青年有一代青年的历史际遇。我们的国家正在走向繁荣富强，我们的民族正在走向伟大复兴，我们的人民正在走向更加幸福美好的生活。当代中国青年要有所作为，就必须投身人民的伟大奋斗。同人

---

① 参见习近平：《在同各界优秀青年代表座谈时的讲话》2013 年 5 月 4 日，新华网，http://www.xinhuanet.com/politics/2013-05/04/c_115639203.htm。

② 习近平：《青年要自觉践行社会主义核心价值观——在北京大学师生座谈会上的讲话》，2014 年 5 月 5 日，人民网，http://politics.people.com.cn/n/2014/0505/c1001-24973097.html。

民一起奋斗,青春才能亮丽;同人民一起前进,青春才能昂扬;同人民一起梦想,青春才能无悔。前进要奋力,干事要努力。当代中国青年要在感悟时代、紧跟时代中珍惜韶华,自觉按照党和人民的要求锤炼自己、提高自己,做到志存高远、德才并重、情理兼修、勇于开拓,在火热的青春中放飞人生梦想,在拼搏的青春中成就事业华章。"①

当代大学生"是思想活跃、清新健康的一代,是朝气蓬勃、积极向上的一代,是衣食无忧、坐享成果的一代,更是受到社会各界关注和热议的一代,他们出生在中国社会剧烈变迁、经济迅猛发展、信息高速发达的特殊时代,具有睿智而轻狂、成熟而盲目、理性而躁动的显著特征"②。当整个社会正在讨论这类群体前卫、张扬、个性、另类的特点的时候,他们已经进入高校,成为高校校园"亮丽的风景"。当代大学生一般是上个世纪末、本世纪初出生的孩子,他们出生在经济高速发展、社会深刻变革、信息飞速发展的时期。他们在行为上表现出很强的独立性和自主性,渴望独立和自由,但实际上他们并没有心理断乳,依赖性比较强,遇到挫折容易气馁,抗挫折能力较弱。他们生活在"4—2—1"的家庭结构中,从小被祖父母、外祖父母和父母呵护长大,当然这种呵护也意味着他们生活在密不透风的亲情包围中,私密空间比较小,习惯于与同学、朋友通过手机、网络进行交流、互相倾诉,因此他们渴望独立,对自由有着无限的向往,叛逆性较强。

另外,"99 后""00 后"基本都是独生子女或是家里最小的孩子,未尝饥饿之苦,不识温饱之乏,自我意识很强,为别人考虑的意识较差,他们特立独行,标新立异,集体意识较缺乏,虽然行为表现成熟,但内心较脆弱,有心理问题的大学生数量较多,在遇挫后极易产生自暴自弃、自残、轻生等心理。正因为心理较脆弱,所以情绪化比较严重。受社会大环境

---

① 《习近平致全国青联十二届全委会和全国学联二十六大的贺信》,2015 年 7 月 24 日,新华网,http://www.xinhuanet.com/politics/2015-07/24/c_1116035379.htm。

② 张宝君:《"90 后"大学生心理特点解析与对策》,载《思想理论教育导刊》2010 年第4 期。

的影响，他们情感极易躁动，虚荣心较强，精神生活极易迷茫、无聊、空虚、矛盾。他们爱憎分明、喜形于色，喜怒哀乐尽显，对喜爱、追求之事物极度狂热，取得成就后欣喜若狂，对于憎恶之人、事表示出极度愤慨，但情感自我调节控制能力较弱。他们思想前卫、开放，观念超前，聪明甚至更精明，很小就懂得成年人世界的规则与潜规则，善于察言观色，会用成年人的思维思考问题，迎合外部世界的需求，拥有丰富的信息和知识，思考问题有深度，见解独到，富有创造力。在大是大非面前，能够清醒明确地站位，能够分辨真善美、假恶丑，但有时又善恶不分、美丑不辨，反向思维，摇摆不定，其实这也是其追逐个性、力图凸显自我的表现。希望得到关注、得到尊重，但往往以叛逆之举体现，实用主义意识较强，行为趋于功利性，极端精致的利己主义者也出自这个群体。他们做事往往凭借兴趣，对于学习的课程，要么出于有用，要么出于有兴趣。

家庭环境和社会环境对于当代大学生的行为、情感、认知上有着关键性的影响。家庭是孩子的第一所学校，当代大学生呈现出来的特点往往受其原生态家庭的重大影响。当今大学生的家庭中，祖辈经历了战争中的苦难、新中国成立初期的艰难，父辈经历了改革开放初期的拼搏奋斗，他们深知富足生活的来之不易，都怀有“我吃过的苦不能让孩子经历，我走过的路不能让下一代再实践”的心态，尽最大可能地精心呵护着自己的孩子，当代大学生在这样以孩子为中心的家庭中成长，往往不能理解艰苦奋斗和勤俭节约的意义和价值，同时也缺少居安思危的责任感和使命感。市场经济使得一部分人先富起来，使得一部分人占有大量的资源，造成收入差距拉大、贫富分化，不同社会阶层的家庭环境差异较大，不同社会阶层父母的心理、思维和行为也有较大差距，他们对于社会现状的看法甚至是不满极易影响大学生，影响其思想和行为以及世界观、人生观、价值观、道德观。当代大学生的父辈在思想上也往往会比祖辈更开放，婚姻已不再是即使不合适也可以凑合的状态，离婚率不断攀升，家庭的解体和重构在当代大学生的成长中严重影响了他们性格完善和心理健康。

我国改革开放40年来，市场经济体制建立并不断发展，生产力得到极大的解放和发展，经济快速发展，人民生活水平得到了很大提高，物质生活极大丰富，社会生产生活方式和经济基础都发生了翻天覆地的变化。市场经济讲求利益、平等、竞争，随之而来还有追求个人价值、个人利益最大化的价值观。逐利性、竞争性使得一些人罔顾道德良心，为了最大限度地获得利益，不择手段，丧失了最起码的伦理道德，唯利是图，斤斤计较，金钱至上。随着改革的不断深入、开放领域的不断扩大，进来的信息也是良莠不齐，有新鲜的空气，也有“苍蝇”“蚊子”如西方的拜金主义、享乐主义、极端个人主义等，影响着正在形成世界观、人生观、价值观的大学生群体，有的大学生也将个人价值定位于获取更多的物质利益和经济财富，忽视孝德、孝道、诚信等道德原则。此外，市场经济等价交换原则也被滥用于生活情感领域，做事情讲求等价回报、谈条件求收益。由于受到市场经济带来的西方价值观的影响，个人主义逐渐盛行，加之从小被长辈娇惯，个人至上，任意妄为，特立独行，讲求人格独立，不易接受父母老师的教导。

社会飞速发展，科技日新月异，除了电视、广播等传统媒体之外，新兴媒体大量涌现，互联网、智能手机、电子书、电子报纸越来越成为大家生活中不可分离的重要组成部分，街道、商场、交通工具，满眼都是低头摆弄智能手机的人群。有报道称，现代人对手机的依赖程度已经近乎病态。移动端与网络信息技术的深度融合显著提升了网民上网的便利，人们上网不必局限在网吧等固定场所，手机方便随身携带，上网行为已经常态化，有一部分大学生已经存在较深的网络依赖，在日常生活、学习中对网络尤其手机网络有着强烈的渴望，上课、吃饭、走路甚至上卫生间如厕也手不离机。如果将其置身于无手机无网络环境，会出现无所适从、烦躁不安的状态，长此以往，势必造成网络沉迷。

此外，由于自律意识差，缺少自控性，部分大学生往往会忘记上网初衷，花去大把的时间浏览娱乐休闲内容，沉浸在网络游戏活动之中，沉溺网聊，有的甚至迷恋浏览不健康网页。大学生中的“网奴”现象不容小觑，已经严重影响了其正常的生活学习和身心健康。网络媒介传播的显著特点即是传播内容的海量性和多样性、传播速度的即时性、传播主体平等性和自主性。网络信息良莠不齐，正负功能必然并存。国外带有价值导向的信息资源大量输入，国内一些大众传媒为了追求高额利润，假冒伪劣广告、低俗的新闻图片视频屡禁不止。如何甄别、评判纷繁芜杂的网络信息，大学生存在一定程度的迷茫和困惑。大学生分辨意识欠佳，对于网络信息的优劣、真假缺乏合理的判断。部分大学生对于不良信息认识不足，难以抗拒诱惑而深陷其中，影响自身健康成长。网络媒介具有虚拟性、自由性、开放性且网民素质参差不齐，因之，网络中时常会出现低俗、非主流等背离公序良俗的信息和观点。部分大学生由于存在一定程度的欣赏能力不强、审美能力欠缺的问题，所以往往会出现盲目追捧和效仿的现象。

（三）教学生态环境疏离、虚化，缺乏保障和落实

供给侧结构改革是一种改革的手段，更是一种思维的创新。大学生思想政治素养的提高是一个长期的、持久的过程，在这个过程中会有来自家庭、社会、学校方方面面的正向影响和负面阻碍。思想政治素养提高的过程不仅仅是学生自我修炼品行、素养的过程，更受到其所生活的生态环境的熏陶。中国是开放的中国，社会是开放的社会，开放的社会中，新鲜的理念、元素给思想政治教育生态环境注入生机和活力，但也必然会存在来自国内外的多样性的文化、思潮，且不同的文化、思潮交融交流频繁，交汇碰撞更是常态，社会思想意识、价值观也随之变得多元多样且常常变化。中国的价值观已经呈现出多元多样泛化的趋势，好的和坏的、优秀的和糟粕的价值观充斥着中国价值观体系。而青年也有了更多的选择价值观的权利和机会，同样存在着动摇我国主流价值观的可能和

风险。[①]“青年的价值取向决定了未来整个社会的价值取向，而青年又处在价值观形成和确立的时期，抓好这一时期的价值观养成十分重要。这就像穿衣服扣扣子一样，如果第一粒扣子扣错了，剩余的扣子都会扣错。人生的扣子从一开始就要扣好。‘凿井者，起于三寸之坎，以就万仞之深。’青年要从现在做起、从自己做起，使社会主义核心价值观成为自己的基本遵循，并身体力行大力将其推广到全社会去。”[②]如何引导青年形成正确的价值观，有正确的价值判断，国家、政府、学校义不容辞，必须创造积极健康的生态环境，培养德智体美劳全面发展、德才兼备的社会主义可靠建设者和合格接班人需要有一个良好的成长环境。

思想政治教育环境是指对思想政治教育活动以及思想政治教育对象的思想品德形成和发展产生影响的一切外部因素。它既包括物质因素也包括精神因素，既包括宏观层面的因素也包括微观层面的因素，各种因素之间互相作用形成“合力”。我国市场经济的发展极大丰富了人民的物质生活，也形成了平等意识、竞争意识、诚信意识等有利于思想政治教育的积极因素，但也存在着利欲熏心、唯利是图、不良竞争等价值取向扭曲、理想信念缺失的阻碍思想政治教育发展的负面因素。以人民代表大会制度为核心的政治制度创造出了人民当家作主的政治环境，但一些地方人治色彩浓厚，个人独断、以权压法、知法犯法、执法不严、以权谋私、权钱交易等丑恶现象也动摇着人们对于“法律面前人人平等”“法律权威不容挑战和践踏”的坚定，这些都对思想政治教育需求侧——当代大学生产生了不良影响和错误导向，加之社会中积极与消极、先进与落后的要素并存的文化环境，对于尚未形成正确的世界观、人生观、价值观，分辨力较弱的大学生造成困扰，干扰着高校思想政治理论课教育教

① 参见韩喜平、周颖:《习近平关于青年成长思想研究》，载《思想教育研究》2016年第3期。

② 习近平:《青年要自觉践行社会主义核心价值观——在北京大学师生座谈会上的讲话》，2014年5月5日，人民网，http://politics.people.com.cn/n/2014/0505/c1001-24973097.html。

学的积极导向。①

国家、地方、学校应合理构建物质、精神、文化、制度一致的生态环境。学校是学生生活、学习的小环境，更应该形成积极向上的校园文化，建设有活力良好的校园环境氛围。目前，高校思想政治教育供给生态环境还存在着一定的问题，相关的政策和保障措施未完全到位，学校重视程度不够，思想政治理论课在高校课程体系设置、考核评价中地位仍较低，全员（全体教职员工）、全方位（利用各种教育载体包括学生综合素质测评、奖学金评比、贫困生资助和勤工俭学等）、全过程（从入校门到毕业，从学期开始到学期结束）的理念尚未形成，“三全”格局仍需不断推进和加强，各种文化资源整合力度不够，尚未形成地域文化、特色文化等文化资源和独特的办学理念与优势学科专业汇聚的统一的校园文化体系，相关的保障制度体系建设不足，思想政治教育教学平台的独立性、规范化不足，多主体协同共育的教育导引机制尚未建成，系统化、全面化的教学和课内课外实践体系上需要健全和完善，学生个性化、多元化的教育选择需求尚未完全保障。②

① 参见陈万柏、张耀灿主编：《思想政治教育学原理》（第3版），高等教育出版社2015年版，第98～119页。

② 参见张宝君：《“精准供给”视域下高校思想政治理论课教学现实反思与策略》，载《思想理论教育导刊》2017年第8期。

第四章　高校思想政治理论课供给侧改革的理念与原则

一、高校思想政治理论课供给侧改革的理念

教育改革，理念先行。高校思想政治理论课供给侧改革策略的提出需要有一个指导性的理念，我们需要先树立整体的概念以及方针，再根据这个理念确立具体实施的措施和方案。《辞海》对"理念"一词的解释有两条：一是"看法、思想。思维活动的结果"；二是"观念(希腊文 idea)。通常指思想。有时亦指表象或客观事物在人脑里留下的概括的形象"。[①] 理念与观念关联。上升到理性高度的观念叫"理念"。人类用语言解释某一事物的时候，所归纳总结的思想、观念、概念、法则等称为"理念"。"理念"一般是旧哲学名词，柏拉图哲学中的"观念"通常被译为"理念"，康德、黑格尔等人的哲学中的"观念"是指理性领域内的概念，有时也译作"理念"。"理念"是个舶来品，最初源于希腊文，原意为形象，或指思想的理念，或者客观的理念。理念有区域性，具有概括性，是人们对于现象的认知的概括，概括性越高，认知的信息就越丰富，规律性也越强。理念

---

① 夏征农主编：《辞海》，上海辞书出版社 1989 年版，第 1367 页。

具有客观性、间接性。理念还具有很强的逻辑性，也即，理念是一种对于现象的规律性的概括，这种现象内含着遵循一定的规律，呈现出一定的形式。同时，理念还具有深刻性，是人类通过自己的思考，对信息、现象进行加工，透过现象抓住本质，从而从整体上把握其与外在的联系。理念，是把人从个别事物抽象而得到的普遍概念绝对化、逻辑化，并将其作为事物的模型，它是一种理性化的想法，或者是理想化的模式或理想化的看法和见解，反映了客观事物的本质规律。但是时下，我们对于理念的使用频繁而又普遍，渐渐失去了其原有之意，所以，"理念"被通俗地用来指观念、想法、思想。

高校思想政治理论课教学供给侧改革如何进行，如何突破瓶颈，教育改革成功的基础是什么，首要的是思想政治理论课理念的创新。对于思想政治教育工作者来说，最基本的素养和内涵就应是具有明确和先进的思想政治教育理念。思想政治教育理念一旦形成，就会成为稳定、执着的精神力量，影响思想政治教育工作者对待思想政治理论课的态度、想法和行动，也会影响思想政治理论课教师对待学生的态度和与学生相处的和谐情感、方式，更会影响教师能否合理、适当地处理好教育教学中存在的各种问题。一个负责任的合格的思想政治理论课教师与平庸的、完成任务式的思想政治理论课教师的重要区别即在于有没有明确、正确的教育理念，有没有对学生们的深厚情感，有没有将学生培养成德才兼备人才的理想目标，有没有不断探索教育教学新理念、新方式的工作意识和能力。

中学教师、家长会就布置作业、提高成绩等方面进行讨论，大学教师会就学生出勤、听课情况以及相关科研情况进行讨论，可见教育工作的发生和发展都有一定的理念在起作用。有些教师的教育理念比较明确，自身定位很准确；有些教师教育理念比较模糊或者理念意识较弱，对于教育教学缺乏思考和对实践的总结。如何树立正确的教育理念，引导思想政治教育工作者以发展的眼光和极大的工作热情投入思想政治教育教学供给侧改革当中，对我国思想政治教育扎实进行有着深远的影响。

习近平在全国教育大会上指出："在实践中，我们就教育改革发展提出一系列新理念新思想新观点：坚持党对教育事业的全面领导，坚持把立德树人作为根本任务，坚持优先发展教育事业，坚持社会主义办学方向，坚持扎根中国大地办教育，坚持以人民为中心发展教育，坚持深化教育改革创新，坚持把服务中华民族伟大复兴作为教育的重要使命，坚持把教师队伍建设作为基础工作。这是我们对我国教育事业规律性认识的深化，来之不易，要始终坚持并不断丰富发展。要努力构建德智体美劳全面培养的教育体系，形成更高水平的人才培养体系。""要把立德树人融入思想道德教育、文化知识教育、社会实践教育各环节，贯穿基础教育、职业教育、高等教育各领域，学科体系、教学体系、教材体系、管理体系要围绕这个目标来设计，教师要围绕这个目标来教，学生要围绕这个目标来学。凡是不利于实现这个目标的做法都要坚决改过来。"①习近平总书记已经将教育教学的根本任务和目标深入、完整地进行了阐释，为思想政治教育工作指明了发展的道路。高校思想政治理论课课堂教育，要将立德树人贯彻教育教学始终，要"把培养社会主义建设者和接班人作为根本任务，培养一代又一代拥护中国共产党领导和我国社会主义制度、立志为中国特色社会主义奋斗终身的有用人才"②。在教育教学目标和根本任务的指引下，围绕"精准供给、有效供给"确立改革目标和框架，引领思想政治理论课教学改革不断完善供给模式，拓宽供给路径，使高校思想政治理论课能真正发挥思想政治教育核心课程和主渠道、主阵地的作用。

---

① 《习近平出席全国教育大会并发表重要讲话》，2018 年 9 月 10 日，中国政府网，http://www.gov.cn/xinwen/2018-09/10/content_5320835.htm。

② 《习近平出席全国教育大会并发表重要讲话》，2018 年 9 月 10 日，中国政府网，http://www.gov.cn/xinwen/2018-09/10/content_5320835.htm。

有的高校思想政治理论课教师或是源于生活压力，或是源于自信缺失，或是为了应付考核，在教育教学中表现出较强的功利性和懈怠感，缺乏教育教学的创新探索，固守僵化的脱离实际的理念和思想，在教学中得过且过，影响了教学效果，忽视了立德树人的根本任务，也造成了供给无效和冗余。高校思想政治理论课教学供给侧改革的进行，发展和树立新理念、新观念首当其冲，以此来推动供给方进行有效的思想政治教育，提高学生思想道德素质，引导学生形成完善的人格，为国家培养拥护党的领导和中国特色社会主义事业的合格接班人。

二、高校思想政治理论课供给侧改革的原则

高校思想政治理论课供给侧改革，要以“围绕、关照、服务”学生的要求为出发点，以促进课堂“活起来”“动起来”“实起来”、提高课堂有效性为旨归，围绕“立德为核，需求为本，创新为魂，融合为径”确立思想政治理论课供给侧改革的基本原则。

“原则是指人们在观察问题、处理问题时所依据的准则。思想政治教育原则是教育者依据思想政治教育的客观规律，在总结思想政治教育实践经验的基础上确立的思想政治教育活动的准则。”①高校思想政治理论课供给侧改革原则是思想政治理论课教师根据思想政治理论课教育教学规律，在总结思想政治理论课教学实践的基础上确立的思想政治理论课活动的准则。思想政治理论课课程供给改革原则具有方向性、整体系统性、发展性和灵活性。

培养什么人，是教育的首要问题。我国是中国共产党领导的社会主义国家，教育培养出来的人应该是拥护中国共产党的领导、维护和发展

① 陈万柏、张耀灿主编:《思想政治教育学原理》(第 3 版)，高等教育出版社 2015 年版，第199 页。

中国特色社会主义事业的高素质人才。高校思想政治理论课是培养社会主义合格接班人的主要渠道，是为中国特色社会主义事业的推进和发展输送德才兼备建设人才的核心课程，也是进行社会主义意识形态教育的重要平台和途径，具有较强的政治性和方向性。因此，在进行思想政治理论课课程改革的过程中要把正确的政治方向摆在首位，以马克思列宁主义、毛泽东思想、邓小平理论、"三个代表"重要思想、科学发展观和习近平新时代中国特色社会主义思想作为指导思想，"教育引导学生树立共产主义远大理想和中国特色社会主义共同理想，增强学生的中国特色社会主义道路自信、理论自信、制度自信、文化自信，立志肩负起民族复兴的时代重任"。实现中华民族的伟大复兴需要凝聚中国力量，弘扬中国精神，要让爱国主义精神在大学生心中生根发芽，"教育引导学生热爱和拥护中国共产党，立志听党话、跟党走，立志扎根人民、奉献国家"。以社会主义核心价值观作为思想政治教育教学的重要内容，"教育引导学生培育和践行社会主义核心价值观，踏踏实实修好品德，成为有大爱大德大情怀的人"。"教育引导学生珍惜学习时光，心无旁骛求知问学，增长见识，丰富学识，沿着求真理、悟道理、明事理的方向前进。""教育引导学生树立高远志向，历练敢于担当、不懈奋斗的精神，具有勇于奋斗的精神状态、乐观向上的人生态度，做到刚健有为、自强不息。要在增强综合素质上下功夫。""教育引导学生培养综合能力，培养创新思维"，引导学生牢固树立正确的世界观、人生观、价值观、道德观、法治观。① 思想政治理论课课程供给侧改革只有坚持正确的政治方向，坚持党在社会主义初级阶段的基本理论、基本路线、基本纲领，才能更好地为培养时代新人服务。

高校思想政治理论课供给侧改革原则应是一个系统性的整体，各个部分有机组合，互相联系、互相作用、互相补充，共同指导思想政治理论

① 参见《习近平出席全国教育大会并发表重要讲话》，2018年9月10日，中国政府网，http://www.gov.cn/xinwen/2018-09/10/content_5320835.htm。

课教学改革的实践活动。高校思想政治理论课教学供给侧改革的原则并不是单个原则功能的发挥，而是具体原则的互相影响下的整体功能的发挥。这些具体的原则互相联系、互相作用，既保证了思想政治理论课供给侧改革的方向，又可以导引思想政治理论课教师正确确定教育教学内容，采用合适恰当的教育教学手段、方法和模式。因此，在进行思想政治理论课供给侧改革的对策探索和具体实践中要统筹兼顾，综合系统地运用原则的指导性，不能片面地夸大其中的某一项具体的原则，从而导致思想政治理论课课程改革取向偏颇，过于重视某一方面而走向极端化。

高校思想政治理论课供给侧改革原则应具有发展性和灵活性。思想政治理论课供给侧改革原则是在总结思想政治教育规律的基础上，在思想政治理论课教育教学实践中形成和总结出来的，它应该是一个动态的原则系统，不是僵化、静止、孤立的。随着社会的不断变化发展，思想政治教育的环境、生态、对象也在不断发生变化，思想政治理论课教育教学的新经验、新做法也将得到不断的总结，新的问题也会不断出现，新规律也会被不断地认识，新原则也将会不断被阐发。现今思想政治理论课教育教学面临的新问题、新境遇，正是经济飞速发展、科技日益进步、信息社会的不断发达，“99 后”“00 后”大学生更加自主、追求自由、思想前卫、渴望新知衍生出来的，所以思想政治理论课教育教学改革所要遵循的原则也与之前有很大的不同，这就需要思想政治理论课教育教学改革既围绕和坚持社会主义性质的方向，尊重学生的主体地位，还要不断地结合时代的特征、学生的变化，发展新的原则。①

高校思想政治理论课供给侧改革，要以“围绕、关照、服务”学生的要求为出发点，以促进课堂“活起来”“动起来”“实起来”、提高课堂有效性为旨归，来确定思想政治理论课课程改革的原则。习近平在全国高校思

---

① 参见陈万柏、张耀灿主编:《思想政治教育学原理》(第 3 版)，高等教育出版社 2015 年版，第 204～210 页。

想政治工作会议上发表重要讲话中指出："思想政治工作从根本上说是做人的工作，必须围绕学生、关照学生、服务学生，不断提高学生思想水平、政治觉悟、道德品质、文化素养，让学生成为德才兼备、全面发展的人才。"①

围绕学生，即是包围、环绕学生，以学生为中心，时刻关注学生的思想动态、行为指向，以学生的需求、发展为思想政治教育的中心。

关照学生，此处的"关照"，既有关心照顾的意思，也有提醒、告知的意思。也即是，作为教育工作者，尤其是思想政治理论课教师既要紧密关注学生的心理状况、思想道德状况、生活学习状况等，还要起到告知、提醒的作用。当学生的思想出现了偏差，被错误的、非主流的社会思潮、思想和观念所影响的时候，当学生的行为失范、有违背社会主义主流价值观和道德要求甚至法律法规校规校纪的时候，思想政治理论课教师有责任、有义务对学生进行提醒、告知和规劝，积极主动引导学生形成科学的生活方式、乐观的人生态度，准确地分辨错误的人生观、非主流的思潮和观点，客观地看待社会上、学习生活中出现的各种问题，树立正确的"三观"，努力提高自身的思想道德素质、法律素质，不断增强处理问题、解决问题的能力，培养创新思维。

服务，是指社会成员之间相互提供方便的活动，从社会学上讲，是指为别人、为集体的利益而工作或者为某种事业而工作。"思想政治工作从根本上说是做人的工作"，服务学生，根本在于"以人为本"，"以生为本"，为学生的成长成才而工作。民本思想一直以来都是我国传统文化中的重要组成部分，孔子认为使民众富裕和教化民众是十分重要的问题，孔子提出了重民的观点："所重：民、食、丧、祭。"②关于重民思想，儒家

① 习近平：《把思想政治工作贯穿教育教学全过程　开创我国高等教育事业发展新局面——在全国高校思想政治工作会议上的讲话》，2016 年 12 月 8 日，新华网，http://www.xinhuanet.com/politics/2016-12/08/c_1120082577.htm。

② 杨伯峻译注：《论语译注》，岳麓书社 2009 年版，第 243 页。

思想家主要有两种表述：民贵君轻和民水君舟。[①] 孟子说："民为贵，社稷次之，君为轻。得乎丘民而为天子，得乎天子而为诸侯，得乎诸侯而为大夫。"[②]荀子说："君者，舟也；庶人者，水也。水则载舟，水则覆舟"[③]民贵君轻和民水君舟，体现出了思想家强调民众的重要性，体现了思想家爱民、重民的主张。汉唐以后，以至明清黄宗羲、顾炎武、唐甄等思想家的民本论，都体现出历代儒家思想家对于民众的重视。诚然，民本思想带有传统思想的历史局限性，但其中优秀的、进步的内容应予以肯定，并在新时期社会主义社会进行创造性的转换和创新性的发展。

社会主义国家，人民当家作主，人民是国家的主人，社会主义的以民为本、以人为本，坚持了马克思主义人本理论，坚持人民创造历史的历史唯物主义，社会发展的最终目的就是实现人的解放与人的自由而全面的发展。中国共产党来自于人民、服务于人民，始终将人民对于美好生活的向往作为中国共产党人的毕生追求和奋斗目标。"党的十八届五中全会首次提出以人民为中心的发展思想，反映了坚持人民主体地位的内在要求，彰显了人民至上的价值取向。""坚持以人民为中心的发展思想"，要把"促进人的全面发展作为发展的出发点和落脚点"，"坚持以人民为中心，就是要坚持人民主体地位，充分尊重人民所表达的意愿、所创造的经验、所拥有的权利、所发挥的作用"。[④] 在全国高校思想政治教育工作会议的讲话中，习近平指出："要坚持不懈促进高校和谐稳定，培育理性平和的健康心态，加强人文关怀和心理疏导。"[⑤]在思想政治教育过程中，

---

① 参见张磊：《试析唐甄的理想国》，载《西南大学学报（社会科学版）》2011 年第 6 期。

② 杨立民译评：《孟子》，吉林文史出版社 2007 年版，第 187 页。

③ 张觉校注：《荀子》，岳麓书社 2006 年版，第 409 页。

④ 中共中央宣传部：《习近平总书记系列重要讲话读本》，学习出版社、人民出版社 2016 年版，第 128～129 页。

⑤ 习近平：《把思想政治工作贯穿教育教学全过程　开创我国高等教育事业发展新局面——在全国高校思想政治工作会议上的讲话》，2016 年 12 月 8 日，新华网，http://www.xinhuanet.com/politics/2016-12/08/c_1120082577.htm。

"以人民为中心"就是以学生为中心,"为人民服务"就是为学生服务。高校管理部门要在资源整合、平台搭建、文化育人等保障机制上下足功夫,思想政治理论课教师作为思想政治教育第一线教师,要为学生的思想道德素质的提高而努力工作。思想政治理论课教师能为学生提供的方便和利益,就是为其提供满足其需要和国家社会需要的精品课程,好的思想政治理论课对学生的影响是深远的,甚至是终生的。教师在课堂上通过各种方式的理论讲授和案例分析以及师生互动,无不在价值选择上提供了导引,在知识和技能获得上奠定了基础,在能力提高上提供了平台,在生活经验积累上提供了借鉴,在心理困惑释疑上提供了方向,高校思想政治理论课教师的课堂教学对学生的影响是潜移默化的、慢慢渗透的,有时也若醍醐灌顶般一语点醒"梦中人"。

这个"服务"也更多地昭示着,思想政治理论课教师的价值实现在于对学生的奉献,给学生正确的导引和无私的关爱。课堂讲坛是高校思想政治工作的主阵地。做好高校思想政治工作,一定要不断增强阵地意识,既要以坚持党的基本路线、遵守国家宪法法律、履行教师义务作为基本要求,以高度的责任感守住阵地、守好阵地,又要积极探索教材体系向教学体系的转化,运用科学有效的教学手段和教学办法,构建有针对性的特色鲜明的"活起来""动起来"的教学模式,用贴近现实、学生喜闻乐见的教学话语体系深入浅出地讲授马克思主义和中国化马克思主义理论,以问题为导向系统、专题化地讲授思想政治理论课,将课堂实践与课外实践相结合,促进学生深入社会,了解国情党情社情民情。①

高校思想政治理论课供给侧改革,要围绕"立德为核,需求为本,创新为魂,融合为径"确立基本原则。

德是人才素质的灵魂,德在人的成长成才过程中具有关键性的意义。思想道德素质是人的基本素质之一,思想道德素质是人们的思想观

① 参见靳诺:《高校思想政治工作的顶层设计和根本依循》,载《学习时报》2016年12月15日。

念、政治立场、价值取向、道德情操和行为习惯等方面素养和能力的综合体现,反映了一个人的思想境界和道德风貌。一个人如果缺少知识和技能,可以通过不断的学习去获取,但如果一个人缺少了最基本的思想道德素质,即使学问再大、懂得的知识和掌握的技能再多,也不是一个综合素质高的人,甚至此类缺少德性的人会给他人、社会甚至全人类带来灾难。例如高智商犯罪,还有二战期间为法西斯德国进行人体试验的医学博士,他们的智商不可谓不高,但是他们的行为体现出德性的缺失,正所谓"有才无德是危险品"。十八大报告中提出:"教育是民族振兴和社会进步的基石。要坚持教育优先发展,全面贯彻党的教育方针,坚持教育为社会主义现代化建设服务、为人民服务,把立德树人作为教育的根本任务,培养德智体美全面发展的社会主义建设者和接班人"①,"立德树人"首次进入中国共产党的代表大会报告。习近平在十九大报告中指出:"全面贯彻党的教育方针,落实立德树人根本任务,发展素质教育,推进教育公平,培养德智体美全面发展的社会主义建设者和接班人。"②在2018年9月举行的全国教育大会上,习近平对党的十八大以来我国教育事业发展进行了深刻总结,阐述了"九个坚持"的新理念新思想新观点,"坚持把立德树人作为根本任务"位列第二。③ 立德树人不仅是教育的根本任务,也是高校的立身之本。2016年9月,习近平在全国高校思想政治工作会议上的讲话中指出:"高校思想政治工作关系高校培养什么样的人、如何培养人以及为谁培养人这个根本问题。要坚持把立德树人作

① 胡锦涛:《坚定不移沿着中国特色社会主义道路前进　为全面建成小康社会而奋斗——在中国共产党第十八次全国代表大会上的报告》,载《人民日报》2012年11月18日。

② 参见习近平:《决胜全面建成小康社会　夺取新时代中国特色社会主义伟大胜利——在中国共产党第十九次全国代表大会上的报告》,载《人民日报》2017年10月28日。

③ 参见《习近平出席全国教育大会并发表重要讲话》,2018年9月10日,中国政府网,http://www.gov.cn/xinwen/2018-09/10/content_5320835.htm。

为中心环节，把思想政治工作贯穿教育教学全过程，实现全程育人、全方位育人，努力开创我国高等教育事业发展新局面。”“高校立身之本在于立德树人。只有培养出一流人才的高校，才能够成为世界一流大学。”①2018年5月，习近平总书记在北京大学师生座谈会上指出：“大学是立德树人、培养人才的地方，是青年人学习知识、增长才干、放飞梦想的地方。”“‘才者，德之资也；德者，才之帅也。’人才培养一定是育人和育才相统一的过程，而育人是本。人无德不立，育人的根本在于立德。这是人才培养的辩证法。办学就要尊重这个规律，否则就办不好学。要把立德树人的成效作为检验学校一切工作的根本标准，真正做到以文化人、以德育人，不断提高学生思想水平、政治觉悟、道德品质、文化素养，做到明大德、守公德、严私德。要把立德树人内化到大学建设和管理各领域、各方面、各环节，做到以树人为核心，以立德为根本。”②从习近平总书记的讲话中可以看出，“立德”是培养人才的前提，只有先为人，才能具备成为人才的灵魂，育人与育才具有统一性，不可偏废其一。③ 国无德不兴，人无德不立。中国自古就重视道德人伦教育，强调齐家治国平天下的前提是修身，中国文化将“立德”置于“三不朽”（立德、立功、立言）之首。孔子认为：“见贤思齐焉，见不贤而内自省也。”④荀子提出：“道虽迩，不行不至；事虽小，不为不成。”⑤墨家也非常重视“修身”，强调“察色修身”和“以身戴行”。⑥ 孔子有“四忧”：“德之不修，学之不讲，闻义不能徙，不善不能

---

① 习近平：《把思想政治工作贯穿教育教学全过程 开创我国高等教育事业发展新局面——在全国高校思想政治工作会议上的讲话》，2016年12月8日，新华网，http://www.xinhuanet.com/politics/2016-12/08/c_1120082577.htm。

② 习近平：《在北京大学师生座谈会上的讲话》，载《光明日报》2018年5月5日。

③ 参见白显良、崔建西：《新时代立德树人的价值定位、时代内涵与实践要旨》，载《思想理论教育》2018年第11期。

④ 杨伯峻译注：《论语译注》，岳麓书社2009年版，第42页。

⑤ 张觉校注：《荀子》，岳麓书社2006年版，第17页。

⑥ （清）毕沅校注、吴旭民校点：《墨子》，上海古籍出版社2014年版，第7页。

改,是吾忧也。"①

习近平总书记深知道德之于国家、社会和个人都有重要的先导意义:"'德者,本也。'蔡元培先生说过:'若无德,则虽体魄智力发达,适足助其为恶。'道德之于个人、之于社会,都具有基础性意义,做人做事第一位的是崇德修身。这就是我们的用人标准为什么是德才兼备、以德为先,因为德是首要、是方向,一个人只有明大德、守公德、严私德,其才方能用得其所。修德,既要立意高远,又要立足平实。要立志报效祖国、服务人民,这是大德,养大德者方可成大业。同时,还得从做好小事、管好小节开始起步,'见善则迁,有过则改',踏踏实实修好公德、私德,学会劳动、学会勤俭,学会感恩、学会助人,学会谦让、学会宽容,学会自省、学会自律。"②在十九大报告中,习近平总书记也强调加强思想道德建设,并提出了"立德"的内涵:"人民有信仰,国家有力量,民族有希望。要提高人民思想觉悟、道德水准、文明素养,提高全社会文明程度。广泛开展理想信念教育,深化中国特色社会主义和中国梦宣传教育,弘扬民族精神和时代精神,加强爱国主义、集体主义、社会主义教育,引导人们树立正确的历史观、民族观、国家观、文化观。深入实施公民道德建设工程,推进社会公德、职业道德、家庭美德、个人品德建设,激励人们向上向善、孝老爱亲,忠于祖国、忠于人民。"③

高校的思想政治教育在于,让大学生不断在内省、自律中升华自我,在实践中修炼自我,帮助学生培育敬畏、恪守道德和法律的意识,通过理论讲授和课堂内外的实践体验,让学生牢固树立坚定的理想信念和正确的世界观、人生观、价值观,不断陶冶情操,努力培育和践行社会主义核

---

① 杨伯峻译注:《论语译注》,岳麓书社2009年版,第75页。

② 习近平:《青年要自觉践行社会主义核心价值观——在北京大学师生座谈会上的讲话》,载《人民日报》2014年5月5日。

③ 习近平:《决胜全面建成小康社会　夺取新时代中国特色社会主义伟大胜利——在中国共产党第十九次全国代表大会上的报告》,载《人民日报》2017年10月28日。

心价值观，不断提高自身的思想道德素质。

高校思想政治理论课供给侧改革要以需求为本。通过问卷调查和课堂调研发现，大多数学生（72.96%）认为学习思想政治理论课可以“获得思想政治理论，形成正确的世界观、人生观和价值观，并且可以不断提升自己的思想境界”，还有一部分学生（45.91%）觉得学习思想政治理论课可以为今后的入党、从事国家行政事务奠定良好的基础。可见，绝大多数学生对于思想政治理论课本身还是有很高的认同感和获得感的，这也可以反映出思想政治理论课满足了学生提升思想政治素养的需求，这也与受访学生对于提高大学生思想政治素质较有效途径的选择大体吻合。但是，仍有占比30.19%的学生逃过课，不管是偶尔逃课还是经常不上课，都说明学生对于思想政治理论课满足其提高思想道德素质的效果不满意。在逃课的原因上，除了学生自身原因（社团活动和其他事务的繁忙，专业课压力大，自我要求不高）外，大多是学生认为思想政治理论课上课枯燥，听不下去（42.14%），因此也会导致有些学生认为课程无意义，不如学习其他的知识（32.39%）。

从学生的需求角度，学生认为课程没有很好地满足其提升自我素养的需求，学生认为思想政治理论课教学中“教材文字枯燥，理论与现实脱节”（61.01%），“对课程内容不感兴趣，只为了应试”（59.75%），“灌输型的教学模式，学生参与度低”（58.49%），“任课教师照本宣科，缺乏创造性”（49.06%）“学生和任课教师有代沟，沟通交流比较困难”（28.30%）。可以看到，学生对于思想政治理论课教学体系的建立、教学内容和主题的构思和选择、教学模式、教学方法和手段以及教师自身都有一定的看法和意见。

在思想政治理论课留给学生的印象中，认为“紧密联系实际”的只占21.38%，其他的大多是诸如“空泛，讲大道理”（55.97%）、“背诵”（45.28%）、“脱离实际”（37.11%）等印象，大多表达了对高校思想政治理论课未能很好地吸引他们、增强他们的获得感的不满。在高校思想政治理论课教育教学中，确实有部分教师存在着为了完成教学目标和任务，不考虑学生的实际需求，唱独角戏，单纯地进行理论灌输，教学话语口号化，空话、套话居多，教学活动缺少互动和联系实际的内容，课堂沉闷，学生一般在考试前才去看看书、背书，为了应付考试拿学分，不得已去死记硬背教材，背下了缺少理解的知识点，丢失了提高分析问题、解决问题等其他能力的机会，更别提思想政治教育的价值引领和意识形态教育目标的达成。还有个别教师，过于迎合学生，只追求形式，不讲求内容，课堂幽默风趣，故事、笑话、奇闻趣事接踵而来，课堂气氛活跃了，学生"抬头率"提高了，但分析升华没有了，理论深度丢失了，老师成了"明星"，老师的授课成了娱乐。还有的教师避开意识形态的教育，淡化思想政治理论课的政治性和方向性，只将某些问题专业化讲授，也无法达到对学生进行马克思主义以及中国化马克思主义的教育。①

"我国有独特的历史、独特的文化、独特的国情，决定了我国必须走自己的高等教育发展道路，扎实办好中国特色社会主义高校。我国高等教育发展方向要同我国发展的现实目标和未来方向紧密联系在一起，为人民服务，为中国共产党治国理政服务，为巩固和发展中国特色社会主义制度服务，为改革开放和社会主义现代化建设服务。""我国高等教育肩负着培养德智体美全面发展的社会主义事业建设者和接班人的重大任务，必须坚持正确政治方向。""我们的高校是党领导下的高校，是中国特色社会主义高校。办好我们的高校，必须坚持以马克思主义为指导，全面贯彻党的教育方针。要坚持不懈传播马克思主义科学理论，抓好马克思主义理论教育，为学生一生成长奠定科学的思想基础。要坚持不懈培育和弘扬社会主义核心价值观，引导广大师生做社会主义核心价值观

① 参见李秀芳、梁永田：《把国家、社会和学生三者需求结合起来是提升思想政治理论课实效性的关键》，载《教育教学论坛》2018年第13期。

的坚定信仰者、积极传播者、模范践行者。”[①]习近平总书记的讲话，明确了高等教育的地位和作用，明确了高校的性质和发展方向，明确了高校要坚持的指导思想，明确了高校的立身之本，明确了高校思想政治教育的使命和责任。高校思想政治理论课这个教育的主渠道，既要满足新时期党和国家对于思想政治教育的总要求，传播好马克思主义科学理论，坚定学生中国特色社会主义的共同理想和共产主义的远大理想，拥护和贯彻党的理论、政策、方针，不断提升学生的政治觉悟，还要引导学生主动培育和践行社会主义核心价值观，不断提升自身道德品质和文化素养，将自身融入国家和民族的事业当中，肩负起时代责任和历史使命，珍惜韶华，勤奋学习，扎实笃行，成为党和国家、社会需要的德才兼备、全面发展的人才。同时，思想政治理论课“要坚持在改进中加强，提升思想政治教育亲和力和针对性，满足学生成长发展需求和期待”[②]，思想政治理论课教师既要完成党和国家赋予的使命，完成“立德树人”的根本任务和教育目标，还要通过各种方式如访谈、对话、问卷调查、课堂调查等方式了解学生所思、所想、所需、所求，满足他们的需求和期待，不断提高思想政治理论课的实效性，真正做到“以生为本”，“需求为本”。

创新，《现代汉语词典》的解释是“抛开旧的，创造新的”[③]。搜狗百科中，“创新是指以现有的思维模式提出有别于常规或常人思路的见解为导向，利用现有的知识和物质，在特定的环境中，本着理想化需要或为满足社会需求，而改进或创造新的事物、方法、元素、路径、环境，并能获得

① 习近平：《把思想政治工作贯穿教育教学全过程 开创我国高等教育事业发展新局面——在全国高校思想政治工作会议上的讲话》，2016 年 12 月 8 日，新华网，http://www.xinhuanet.com/politics/2016-12/08/c_1120082577.htm。

② 习近平：《把思想政治工作贯穿教育教学全过程 开创我国高等教育事业发展新局面——在全国高校思想政治工作会议上的讲话》，2016 年 12 月 8 日，新华网，http://www.xinhuanet.com/politics/2016-12/08/c_1120082577.htm。

③ 中国社会科学院语言研究所词典编辑室编：《现代汉语词典》，商务印书馆 2016 年版，第 205 页。

一定有益效果的行为。创新是以新思维、新发明和新描述为特征的一种概念化过程。起源于拉丁语，它原意有三层含义：第一，更新；第二，创造新的东西；第三，改变。创新是人类特有的认识能力和实践能力，是人类主观能动性的高级表现形式，是推动民族进步和社会发展的不竭动力。一个民族要想走在时代前列，就一刻也不能没有理论思维，一刻也不能停止理论创新。创新在经济、商业、技术、社会学以及建筑学这些领域的研究中有着举足轻重的分量。在中国大陆，经常用"创新"一词表示改革的结果。既然改革被视为经济发展的主要推动力，促进创新的因素也被视为至关重要。准确地说，创新是创新思维蓝图的外化、物化。"①

党的十八大以来，习近平总书记高度重视创新，多次提到创新发展。2014 年 8 月 18 日，习近平在中央财经领导小组第七次会议上讲话时提出："人才是创新的根基，是创新的核心要素。创新驱动实质上是人才驱动。为了加快形成一支规模宏大、富有创新精神、敢于承担风险的创新型人才队伍，要重点在用好、吸引、培养上下功夫。"②2015 年 2 月 14 日，习近平在陕西考察调研时指出："实践创新和理论创新永无止境。毛泽东思想、邓小平理论、"三个代表"重要思想、科学发展观都是在实践基础上的理论创新。我们要继续与时俱进，推进马克思主义不断发展。"③2016 年 7 月 1 日，习近平在庆祝中国共产党成立 95 周年大会上讲话时强调："我们要把完善和发展中国特色社会主义制度、推进国家治理体系和治理能力现代化作为全面深化改革的总目标，勇于推进理论创新、实

① 搜狗百科，https://baike.sogou.com/v178267.htm?fromTitle=%E5%88%9B%E6%96%B0。

② 《回顾十八大以来习近平关于科技创新的精彩话语》，2016 年 5 月 31 日，人民网-中国共产党新闻网，http://cpc.people.com.cn/xuexi/n1/2016/0531/c385476-28398570.html。

③ 《习近平在七大会址论党的实践创新和理论创新：永无止境》，2015 年 2 月 15 日，新华网，http://www.xinhuanet.com/politics/2015-02/15/c_1114372592.htm。

践创新、制度创新以及其他各方面创新。”[①]2017年10月18日，习近平在中国共产党第十九次全国代表大会上的报告中讲到：“世界每时每刻都在发生变化，中国也每时每刻都在发生变化，我们必须在理论上跟上时代，不断认识规律，不断推进理论创新、实践创新、制度创新、文化创新以及其他各方面创新。”[②]2018年3月7日，习近平参加十三届全国人大一次会议广东代表团的审议时指出：“发展是第一要务，人才是第一资源，创新是第一动力。中国如果不走创新驱动道路，新旧动能不能顺利转换，是不可能真正强大起来的，只能是大而不强。”[③]习近平总书记的创新观涵盖了科技、人才、文艺，以及在理论、制度、实践上创新的方法。

在教育方面，习近平总书记出席全国教育大会时指出：“在党的坚强领导下，全面贯彻党的教育方针，坚持马克思主义指导地位，坚持中国特色社会主义教育发展道路，坚持社会主义办学方向，立足基本国情，遵循教育规律，坚持改革创新，以凝聚人心、完善人格、开发人力、培育人才、造福人民为工作目标，培养德智体美劳全面发展的社会主义建设者和接班人，加快推进教育现代化，建设教育强国，办好人民满意的教育。”[④]2014年1月6日，习近平在会见“嫦娥三号”任务参研参试人员代表时强调：“创新是一个民族进步的灵魂，是一个国家兴旺发达的不竭源泉，也是中华民族最鲜明的民族禀赋。”[⑤]

---

① 习近平：《在庆祝中国共产党成立95周年大会上的讲话》，2016年7月1日，新华社，http://www.xinhuanet.com/politics/2016-07/01/c_1119150660.htm。

② 习近平：《决胜全面建成小康社会 夺取新时代中国特色社会主义伟大胜利——在中国共产党第十九次全国代表大会上的报告》，载《人民日报》2017年10月28日。

③ 《习近平的创新观》，2018年8月10日，中国青年网，http://news.youth.cn/sz/201808/t20180810_11694643.htm。

④ 《习近平出席全国教育大会并发表重要讲话》，2018年9月10日，中国政府网，http://www.gov.cn/xinwen/2018-09/10/content_5320835.htm。

⑤ 《习近平会见嫦娥三号任务参研参试人员代表》，2014年1月6日，新华网，http://politics.people.com.cn/n/2014/0106/c1024-24038668.html。

中华民族历来就有创造发明的禀赋，天文历法、数学、药学、农学、地理学等众多领域都有举世瞩目的成就。印刷术、火药、指南针等发明改变了整个世界的面貌和状态。我国有老子、孔子、孟子、庄子、墨子、孙子、韩非子、张载、朱熹、王阳明、黄宗羲等世界上伟大的思想巨擘，也为世界留下了《诗经》、楚辞、汉赋、唐诗、宋词、元曲、明清小说等伟大的文艺作品，建设了万里长城、故宫、布达拉宫、大运河等伟大的工程。我国的思想文化、经济发展、科学技术在历史上长期处于世界领先地位，为世界文明的发展贡献了中国力量。近代以来，由于我国闭关锁国、夜郎自大，错过了多次科技革命和产业革命带来的发展机遇，大大落后于世界的发展。1840 年以来，我国被西方列强的坚船利炮打开国门，民贫国弱，政府腐败，西方掀起了瓜分中国的狂潮，中国陷入了亡国灭种的危机中。无数有识之士都在探索中华民族的复兴之路，洋务运动、太平天国运动、义和团运动、维新变法、辛亥革命，都在一定程度上在救亡图存的道路中艰难迈进。

中国共产党将马克思主义与中国国情相结合，探索出了一条国家独立、民族振兴之路，领导全国人民推翻了帝国主义、封建主义、官僚资本主义这三座压在中国人民头上的大山，取得了新民主主义革命的胜利。中华人民共和国成立，中国人民从此当家做主人，勤劳勇敢的中华民族在中国共产党的领导下，在建设美好家园、实现民族伟大复兴的实践中迸发出创新创造的生机活力，开启了全面追赶时代、引领时代发展的大潮。“在建设中国特色社会主义伟大事业中，思想政治教育具有特殊的本质和重要的地位，发挥着巨大的作用”①，高校思想政治教育在于培养中国特色社会主义事业的接班人，让学生掌握马克思主义世界观和方法论，让学生明白没有共产党就没有新中国，让学生懂得我们为什么会走社会主义道路，让学生坚定理论自信、道路自信、制度自信和文化自信，

---

①　陈万柏、张耀灿主编：《思想政治教育学原理》（第 3 版），高等教育出版社 2015 年版，第 53 页。

做有理想、有本领、有担当的时代新人。

近些年来,在党中央的坚强领导下,各地各部门各高校都认真贯彻相关精神,采取了一系列措施,全面加强和改进思想政治理论课,2017年是"高校思想政治理论课教学质量年",大学本科四门教材也都重新进行了编写,教师培训机制逐渐完善,教学内容不断优化,课堂教学形式不断丰富,教师队伍综合素质不断提高,这都促进了思想政治理论课建设良好局面的形成,为加强和改进大学生思想政治教育做出了重要贡献。但是,仍要看到高校思想政治理论课教育教学仍然存在的问题,面对着多元文化思潮的交融交锋和不良思想的影响,面对社会中日趋增多的现实问题,高校思想政治理论课如何能继续展现出理论的魅力和价值的巨大导向影响,是值得思考和反复钻研的问题。"几乎每个受欢迎的思想政治理论课教师都是教学设计的能手。冯秀军(中央财经大学马克思主义学院教授)说:'没有设计的课堂,就是一摊烂泥。'冯秀军打了个比方,思想政治理论课老师和学生就像猎人捕小鸟,小鸟在远远的另一方,猎人会一路上撒面包屑、小米、小虫子,最终把学生引到网子里。重要的是,这个过程中,面包屑、小虫子、小米一定是有路线的,而这个路线由猎人来设计,要指向最终的那个网子。'把学生们激活了不是关键,撒得出去还要收得回来。最终实现的是老师引导着学生走,而不是老师追着学生走。'"①看似简单的比方,实质彰显着冯秀军教授创造创新意识和能力,对教学内容的设计、对教学方法的设计无不包含着冯秀军教授对于思想政治教育的新思维、新方法、新理念、新应用。高校思想政治理论课供给改革必然包含着创新思维和理念以及创造性的实践活动。

除了思想政治理论课教师的创新,高校也要不断推动体制创新、机制创新、模式创新和文化创新。"体制创新,要以建立新业态下课程体系为目标,优化管理体制结构,形成统一领导、统一规划、齐抓共管、全员参

① 《媒体调查:思想政治理论课不好上,怎么破?》,2016年12月11日,新华网,http://www.xinhuanet.com//politics/2016-12/11/c_1120093799.htm。

与的联动机制，提高教学效能。”机制创新，“要完善组织和人才供给机制，落实目标责任和奖惩机制，制定科学的考核和退出机制，发挥制度规范、调节和保障作用，为‘科学供给’提供激励和保障，要把那些对马克思主义理论‘真学、真懂、真信、真用’的教学骨干人才留住、用好，充分发挥其灵魂导师和引路人的作用，按照‘专兼结合，结构合理’的原则构建新常态下的思想政治理论课教学人才体系，为教育教学提供人才保障”。模式方法创新，“要‘以促进学生全面发展’目标指向，探索实践多样化人才培养模式，优化人才培养方案，深化课程教学改革，提高人才培养质量”。文化创新，“要加强文化建设。坚持全球视野，全方位推进开放创新，统筹国内国外两种资源，全面提升教育合作水平”。①

高校思想政治理论课供给侧改革，要以解决问题为导向，以高度融合为路径，在供给方发力，通过高校思想政治理论课课程建设、课程创新来解决思想政治理论课教学中存在的问题。通过问卷调查和课堂调查、观察后发现，思想政治理论课供给内容、供给方式、供给模式、供给话语、供给主体都存在一定的问题，学生学习的主动性欠缺，学生获得感有待提升。高校思想政治理论课教学要适应新时代、新趋势，适应需求侧——学生的新情况，要实现思想政治理论课教育教学精准供给、有效供给，还需要对思想政治理论课教学过程中存在的现实问题进行反思，以问题为导向和基础，提出改革方案和措施。

在思想政治理论课课程授课方式上，受访学生比较倾向于“将教学内容与现实热点焦点问题或者其他案例材料相结合，从而拓宽视角，既加强理论解释力，又为学生看待现实问题提供价值方向”(54.09%)，部分受访学生选择“互动教学，老师与学生共同讨论、解决问题”(51.57%)，选择“走出课堂、走进生活，切身感悟、实践”的学生占比51.57%，还有1/3以上的受访学生选择“邀请专家学者、道德模范、老兵

① 张宝君:《“精准供给”视域下高校思想政治理论课教学现实反思与策略》，载《思想理论教育导刊》2017年第8期。

或领导干部等为学生作报告,上思想政治理论课,解答疑惑”(39.62%),选择“线上线下结合,引入慕课、微课、翻转课堂等形式,课堂讨论相关问题,教师主要答疑解惑”的学生占比16.98%。可见,学生对于思想政治理论课供给内容的需求较多的是将内容与当今社会热点问题、焦点问题或者其他案例材料相结合,以理论来解释现实,从而展现学习理论的意义,也为学生分析问题、解决问题能力的提高助力。

除此之外,学生们也普遍喜欢互动式教学,这也说明当代大学生有比较强的主动性和参与性,适当加以引导就可以激发其学习的兴趣、发挥其主体性地位。“实践是检验真理的唯一标准”,实践出真知,实践长才干,社会实践是科学理论、创新思维的源泉,也是青年锻炼成长的重要途径。思想政治理论课教学要坚持课堂实践与课外实践相结合,在课堂上充分发挥教师理论联系现实的主导作用,利用组织学生演讲、辩论、访谈、朗诵、唱红歌、诵读经典、拍微视频等方式充分调动学生学习理论、联系现实的积极性和主动性。各高校要健全组织管理方式,支持思想政治理论课教学科研机构积极争取社会各方的支持,整合和拓展实践教学资源,探索实践教学新模式,建立、扩充和不断完善社会实践教学基地。要注重社会实践与课堂教学的结合,组织学生撰写社会实践报告,并在课堂作为教学补充,形成分组讨论、代表发言、询问答辩、集体评价的模式,做到师生共同提升。邀请专家学者、道德模范等为学生作讲座,也是思想政治理论课教学效果提升的有效途径。

在教学方法上,学生对于翻转课堂、慕课、微课的授课方式较比感兴趣(42.14%),还有比较多的学生认为可以适当应用,但还要以传统课堂授课为主(44.03%)。高校思想政治理论课教师可以探索在适当的时候在条件允许的情况下引入慕课、翻转课堂,线上线下相结合,将课堂变成师生、生生互动的平台。思想政治理论课教师要以学生为本,坚持民主原则,以平等的心态去对待学生,认识到自己虽然是教师,是学生的指导者,也是平等互动者,并无高高在上的地位和权力。

在思想政治理论课教学话语的使用和话语体系的构建上，要充分考虑学生的诉求，一半以上（61.01%）的受访学生喜欢“幽默风趣”的授课话语，部分学生喜欢“严肃”“言语犀利”的授课话语风格，还有学生喜欢“朴实流畅”“充满感情”的授课话语风格。

思想政治理论课供给侧改革，要针对问题，增强靶向性，对症下药，精准破题，将传统授课方式与新时代、新态势、新式授课方式相结合，根据具体教学内容选择合适的教学方法和手段，内容永远大于形式，形式为内容服务，效果是检验内容与形式准确度、有效性的标准。

第五章　高校思想政治理论课供给侧改革路径研究

习近平总书记在全国高校思想政治工作会议上强调："做好高校思想政治工作，要因事而化、因时而进、因势而新。要遵循思想政治工作规律，遵循教书育人规律，遵循学生成长规律，不断提高工作能力和水平。"①习近平总书记指出了思想政治教育工作的原则和要求，也为思想政治理论课供给侧改革指明了方向。王学俭教授对于思想政治教育的供给侧改革有过这样的论述："高校思想政治教育的'供给侧改革'与经济领域的'供给侧改革'相异相通，相通之处在于都致力解决发展过程中的根本性问题，以发展思路的转换激活发展后劲，实现提质增效。相异之处在于改革的逻辑不同，经济领域的'供给侧改革'遵循经济逻辑，更加注重成本与收益的核算，以市场为导向，以利益最大化为原则；高校思想政治教育领域的'供给侧改革'遵循思想政治教育发展逻辑，注重教育的科学性、政治性、思想性，要在适应需求的基础上引领需求，保持供需

---

①　习近平：《把思想政治工作贯穿教育教学全过程　开创我国高等教育事业发展新局面——在全国高校思想政治工作会议上的讲话》，2016 年 12 月 8 日，新华网，http://www.xinhuanet.com/politics/2016-12/08/c_1120082577.htm。

之间的内在张力，完善思想产品供给和教育服务供给。”[①]高校思想政治理论课作为思想政治教育的有机组成部分，其供给侧改革必然要遵循思想政治教育规律和逻辑，遵循学生成长规律，随着新时代、新事态、新形势不断改进、不断创新，注重思想政治教育的科学性、政治性、方向性、思想性、创新性、服务性，适应社会和学生的需求，切实增强思想政治理论课课堂的灵动性、实效性，坚持立德树人，努力改善和完善思想政治理论课供给。

一、树立“大思政”思维

2015 年 1 月 19 日，中共中央办公厅、国务院办公厅印发了《关于进一步加强和改进高校宣传思想工作的意见》，指出：“要充分发挥高校哲学社会科学育人功能，深化哲学社会科学教育教学改革，充分挖掘哲学社会科学课程的思想政治教育资源，建立健全符合国情的哲学社会科学人才培养质量标准体系，制定实施马克思主义理论、新闻传播学、法学、经济学、政治学、社会学、民族学、哲学、历史学等相关专业类教学质量国家标准，启动实施卓越马克思主义理论人才培养计划，深入实施卓越新闻传播人才、法律人才培养计划。”[②]哲学社会科学课程思政建设开始启动并不断完善。

2016 年 5 月 17 日，习近平总书记在哲学社会科学工作座谈会上强调，坚持马克思主义在我国哲学社会科学领域的指导地位，“我国哲学社会科学坚持以马克思主义为指导，是近代以来我国发展历程赋予的规定性和必然性。在我国，不坚持以马克思主义为指导，哲学社会科学就会

① 王学俭、杜敏：《高校思想政治教育供给侧改革探讨》，载《思想理论教育导刊》2017 年第 6 期。

② 《中共中央办公厅、国务院办公厅关于进一步加强和改进新形势下高校宣传思想工作的意见》，2015 年 1 月 19 日。

失去灵魂、迷失方向,最终也不能发挥应有作用。”习近平总书记对于哲学社会科学坚持马克思主义为指导中存在的问题作了分析:“也有一些同志对马克思主义理解不深、理解不透,在运用马克思主义立场、观点、方法上功力不足、高水平成果不多,在建设以马克思主义为指导的学科体系、学术体系、话语体系上功力不足、高水平成果不多。社会上也存在一些模糊甚至错误的认识。有的认为马克思主义已经过时,中国现在搞的不是马克思主义;有的说马克思主义只是一种意识形态说教,没有学术上的学理性和系统性。实际工作中,在有的领域中马克思主义被边缘化、空泛化、标签化,在一些学科中‘失语’、教材中‘失踪’、论坛上‘失声’。这种状况必须引起我们高度重视。”他要求“我国广大哲学社会科学工作者要自觉坚持以马克思主义为指导,自觉把中国特色社会主义理论体系贯穿研究和教学全过程,转化为清醒的理论自觉、坚定的政治信念、科学的思维方法”。①

2016 年 12 月 8 日,习近平总书记在全国高校思想政治工作会议上强调:“要坚持把立德树人作为中心环节,把思想政治工作贯穿教育教学全过程,实现全程育人、全方位育人,努力开创我国高等教育事业发展新局面。”“我们的高校是党领导下的高校,是中国特色社会主义高校。办好我们的高校,必须坚持以马克思主义为指导,全面贯彻党的教育方针。要坚持不懈传播马克思主义科学理论,抓好马克思主义理论教育,为学生一生成长奠定科学的思想基础。要坚持不懈培育和弘扬社会主义核心价值观,引导广大师生做社会主义核心价值观的坚定信仰者、积极传播者、模范践行者。”他尤其指出:“要用好课堂教学这个主渠道,思想政治理论课要坚持在改进中加强,提升思想政治教育亲和力和针对性,满足学生成长发展需求和期待,其他各门课都要守好一段渠、种好责任田,使各类课程与思想政治理论课同向同行,形成协同效应。要加快构建中

① 习近平:《在哲学社会科学工作座谈会上的讲话》,2016 年 5 月 18 日,新华网,http://www.xinhuanet.com//politics/2016-05/18/c_1118891128.htm。

国特色哲学社会科学学科体系和教材体系，推出更多高水平教材，创新学术话语体系，建立科学权威、公开透明的哲学社会科学成果评价体系，努力构建全方位、全领域、全要素的哲学社会科学体系。”①

2018 年 8 月 22 日，习近平总书记在全国宣传思想工作会议上发表重要讲话，指出：“坚持马克思主义在我国哲学社会科学领域的指导地位，建设具有中国特色、中国风格、中国气派的哲学社会科学。”②

从习近平总书记在多种场合发表的多次讲话中可见，哲学社会科学以及其他学科都有在课程中进行思想政治教育的责任，尤其在立德立学垂范、思政人文素养的挖掘和价值引领方面都要发挥重要作用。这些论述都为高校思想政治教育工作指明了新方向。习近平强调：“教师是人类灵魂的工程师，承担着神圣使命。传道者自己首先要明道、信道。高校教师要坚持教育者先受教育，努力成为先进思想文化的传播者、党执政的坚定支持者，更好担起学生健康成长指导者和引路人的责任。要加强师德师风建设，坚持教书和育人相统一，坚持言传和身教相统一，坚持潜心问道和关注社会相统一，坚持学术自由和学术规范相统一，引导广大教师以德立身、以德立学、以德施教。”③高校所有的教师都承担者立德树人的使命，立德为先，立德、育人是相统一的。中国古代思想家历来重视立德，重视修身，“内圣外王”是集中体现，人才首先是德行上的圣人和贤人，才能“为生民立命，为天地立心，为往圣继绝学，为万世开太平”。当今学生的培养，德同样是先导，是基础，是灵魂，决定学生的价值取向

① 习近平：《把思想政治工作贯穿教育教学全过程　开创我国高等教育事业发展新局面——在全国高校思想政治工作会议上的讲话》，2016 年 12 月 8 日，新华网，http://www.xinhuanet.com/politics/2016-12/08/c_1120082577.htm。

② 习近平：《举旗帜聚民心育新人兴文化展形象　更好完成新形势下宣传思想工作使命任务——在全国宣传工作会议的讲话》，2018 年 8 月 22 日，新华网，http://www.xinhuanet.com/politics/2018-08/22/c_1123310844.htm。

③ 习近平：《把思想政治工作贯穿教育教学全过程　开创我国高等教育事业发展新局面——在全国高校思想政治工作会议上的讲话》，2016 年 12 月 8 日，新华网，http://www.xinhuanet.com/politics/2016-12/08/c_1120082577.htm。

和人生方向。在社会主义中国，更包括对马克思主义指导思想的坚持和信仰、对中国共产党领导核心的拥护、对中国特色社会主义事业的坚定、对社会主义国家的热爱和奉献、对社会主义核心价值观的主动践行。高校思想政治理论课覆盖所有专业，所有的学生都需要学习，尤其本科的五门课程，本科阶段学生必须学习完毕。高校思想政治理论课在引导学生自觉接受马克思主义科学理论教育，信仰马克思主义，坚定中国特色社会主义道路自信、理论自信、制度自信、文化自信，坚定共产主义远大理想，树立科学的世界观、人生观、价值观，提高思想道德素养、法律素养，完善品格、健全人格上发挥了重要的思想和价值引领作用。但同时也应该看到，立德树人、立德育人、立德施教的工作并不是思想政治理论课都能够包揽完成的，思想政治理论课课程教育只是高校整体教育教学的一部分，除了思想政治理论课，高校其他每门课程都有立德育人、培育高素质人才的责任和功能。

高校思想政治教育工作需要有“大思政”思维，构建全员育人的“大思政”格局，促进高校思想政治教育由思想政治理论课程的建设向课程思政探索的拓展。有时，由于有些哲学社会科学课程还缺少体现中国特色的学科和教材体系，加之授课教师个人的因素，在教学过程中会流露出与思想政治教育尤其是思想政治理论课内容相悖的教学内容，极易混淆学生的思想，大大减弱思想政治理论课教育教学的有效性。高校思想政治理论课实效性的取得，离不开“大思政”思维，离不开哲学社会科学课程及其他课程教学中立德育人的协同作用的发挥。

二、大数据与高校思想政治理论课

著名未来学家阿尔文·托夫勒在《第三次浪潮》一书中，将“大数据”赞颂为“第三次浪潮的华彩乐章”。2006～2008年“云计算”的出现和推广，使得信息资料海量增长，“大数据”概念逐渐延伸，技术应用受到广泛关注和重视。从2009年开始,“大数据”成为互联网信息技术行业的流行词汇。著名学者维克托·迈尔—舍恩伯格在其著作《大数据时代》中给“大数据”作如下界定:一种前所未有的方式,通过对海量数据进行分析,获得有巨大价值的产品和服务,或深刻的洞见。他还认为,大数据不仅是一种技术,更是一种价值观和方法论,不仅是思维的大变革,更是一个互动过程。[①] 可以说“云”的升腾催生了大数据,改写了教育。“云计算”很快推广到校园,云飞向地球各个角落,云学习、云教育、云学校横空出世。萨尔曼·可汗和苏伽特·米特拉是当今云教育/云学习应用研究和实践领域的两位非常有影响力的人物,前者是以制作“微视频”享誉全球的“可汗学院”创始人,后者是因“墙洞实验”研究和应用推广而闻名的大学教授。他们分别在TED讲坛作过“用视频改变教育”和“关于自我教学的新实验”的演讲,堪称“先学后教”翻转课堂的开山鼻祖。2008年,美国创见研究所出版了克雷顿·克里斯汀和麦克·洪恩的《翻转课堂:破坏性创新将如何改变世界的学习方式》,该书倡导用破坏性创新打破工厂式教育。2011年,该研究所发布了《K-12混合式学习的兴起》的研究报告,详尽介绍了混合学习相关问题。混合学习被认为是把数字化学习与面对面学习优势结合起来形成的一种新的学习方式。随着研究和实践的深入,现在被认同的定义是:混合学习是在线学习与面对面学习相结合的学习方式。云教育最显著的成效是慕课的兴起。慕课,就是“Massive Open Online Course”,简称“MOOC”或“MOOCs”,即大规模在线开放课程。它不同于传统的电视、网络等远程教育,也不完全等同于网络公开课,不同于基于网络学习软件或在线应用以及上述课程的简单叠加,是对课程概念在云计算条件下的总体重构。慕课最早在美国兴起,由网络远程教育和视频课程演变而来,成立于2011年秋天,标志即是慕课三巨头Udacity、Coursera和edX。道格拉斯·恩格尔巴特提出将个

---

① 参见[英]维克托·迈尔—舍恩伯格、肯尼思·库克耶:《大数据时代:生活、工作与思维的大变革》,盛杨燕、周涛译,浙江人民出版社2013年版,第4页。

人计算机和互联网计算机网络结合,形成更大的信息分享。伊万·伊里奇等变革家也发表了大量的学术期刊文章、白皮书和研究报告,提出将计算机技术应用于学习过程中。越来越多的教师和学校参与到慕课平台的打造与加盟中,慕课成为全球化的新型教育模式。大数据时代下,翻转课堂、微课程、混合课程和全球慕课,成为教育发展的新潮流。①

互联网与信息技术的发展催生了一个大规模生产、存储、共享、应用数据的大数据时代的到来,这无疑给思想政治理论课带来新挑战和新机遇。如何应对挑战、抓住机遇促进思想政治理论课改革创新,越来越多的学者开始思考,并探讨将网络信息技术和新媒体应用于思想政治理论课的方法、模式,且不断实践。清华大学和上海大学等高校就形成了以信息技术、网络平台、新媒体嵌入思想政治理论课的慕课和线上线下混合教育教学模式,影响特别广泛,也受到学生的广泛认同和欢迎。截至2018年11月27日,笔者通过中国知网,分别以主题词"思想政治理论课"并"大数据""慕课""翻转课堂"进行检索,分别检索出相关文献205条、364条、253条;分别以主题词"思想政治理论课"并"互联网""新媒体""自媒体"进行检索,分别检索出相关文献540条、1287条、168条。主要体现在以下几个方面:

关于大数据含义及特征,2012年联合国发布《大数据促发展:挑战与机遇》白皮书,宣布大数据时代到来。2013年,大数据开始逐渐进入我国各行各业,因此此年被称为"大数据元年"。2014年,大数据与思想政治教育的研究逐渐增多。2015年,《中共中央关于制定国民经济和社会发展第十三个五年规划的建议》中提出实施国家大数据战略。关于大数据的含义,说法不一,尚无统一的定义,学者围绕维克托·迈尔—舍恩伯格的定义提出自己的理解,尽管界定不同,但都认同信息技术发展是大数据产生的基础,海量的信息资源价值巨大,不仅影响了人类的生活和思

① 参见于永昌、刘宇、王冠乔:《大数据时代的教育》,北京师范大学出版社2015年版。

维方式，更能够指导和服务实践。关于大数据的特征，有的学者提出四特征，有的学者提出五特征。虽然观点不一，但基本都认同“4V”(Volume,Variety,Velocity,Value)，即数据体量巨大，数据类型繁多，价值密度高，处理速度快。

大数据给思想政治理论课带来的挑战主要有：大数据弱化意识形态教育，挑战教师的导引力、权威性和感召力，改变教学模式和方法，改变教学环境，挑战教学话语。相关文献有：吴维忆的《云端的霸权——“大数据时代”的双重隐喻批判》(载《探索与争鸣》2015 年第 1 期)，胡子祥、余姣的《大数据时代思想政治教育载体变革及对策研究》(载《思想教育研究》2015 年第 2 期)，李鹏、王艳杰的《互联网时代高校思想政治教育工作探究》(载《学校党建与思想教育》2015 年第 6 期)，李立坚的《大数据时代高校思想政治理论课教学创新研究》(载《文史博览》2016 年第 6 期)，白迪的《大数据时代高校思想政治理论课教学研究》(载《高教论坛》2014 年第 10 期)，等等。

大数据之于思想政治教育的价值在于：通过全样本掌握，为教学内容和形式的设计提供数据和技术支持，使得教学更具针对性，更能满足学生个性化需求，改善教学效果，提高思想政治埋论课实效性；大数据为提升思想政治理论课实践教学成效提供支持；为教学效果和教师教学评价提供更加精准的衡量工具，强化全过程掌握、课程中内化，可以克服唯结果论、唯经验论评价。较有影响的相关文献有：胡水星的《大数据及其关键技术的教育应用实证分析》(载《远程教育杂志》2015 年第 5 期)，胡子祥、余姣的《大数据时代思想政治教育载体变革及对策研究》(载《长江丛刊》2017 年第 2 期)，任春华、庞达的《大数据时代高校思想政治理论课教学模式变革研究》(载《渭南师范学院学报》2016 年第 22 期)，王寿林的《大数据时代高校思想政治教育方法创新研究》(载《思想政治教育研究》2015 年第 6 期)等。

大数据背景下思想政治理论课模式主要有微课、慕课、翻转课堂、混合式教学模式。对于慕课引进思想政治理论课课堂教学，学者们有不同的看法，有的认为慕课可以采用，但要充分结合我国思想政治理论课课程的特殊性，发挥其人性化、开放性、共享性、自主性的积极作用，努力激发学生的学习兴趣和主动性，规避其可能会带来的削弱马克思主义意识形态教育和社会主义核心价值观教育的冲击。有的学者认为，慕课是否成功要看引入慕课的改革效果，是不是提高了教学效果，是不是强化了队伍建设。更多的学者探索和实践了微课、翻转课堂、混合式教学在思想政治理论课教学模式改进、资源拓展、教学生态优化、课堂实践教学与课外实践教学结合、运用大数据了解学生所思所想从而强化思想政治理论课针对性等方面的应用。

大数据背景下思想政治理论课新载体研究较多。主要研究文献有：王双群的《新媒体环境下思想政治理论课教学方法创新的思考》（载《思想理论教育导刊》2015 年第 11 期），李林英、郭丽萍的《新媒体环境下思想政治理论课教育教学新途径》（载《思想教育研究》2011 年第 7 期），刘辉的《大数据时代思想政治教育的微传播化》（载《思想理论教育》2014 年第 6 期），马建青、顾青青的《“微”时代创新高校网络思想政治教育的思考》（载《思想理论教育》2014 年第 8 期），方宏建、杜亮的《以微博为载体开展大学生思想政治教育探析》（载《国家教育行政学院学报》2011 年第 1 期），杨敏的《微信对大学生思想政治教育的挑战及应对策略研究》（载《思想理论教育》2012 年第 6 期），等等。

大数据应用思想政治理论课的实践与问题研究。围绕大数据理念树立、意识强化的研究有：崔海英的《大数据时代高校网络思想政治教育的价值维度与实现方式》（载《黑龙江高教研究》2015 年第 3 期），李怀杰、夏虎的《大数据时代高校思想政治教育模式创新研究》（载《思想教育研究》2015 年第 5 期），等等。沈壮海和段立国的《2014 年度大学生思想政治状况分析——基于全国 30 所高校的调查》（载《思想理论教育导刊》2015 年第 8 期）就是在大数据意识下对大学生思想状况调查后得到的大数据，为大学生思想政治理论课建设提供了数据支撑。围绕提高教师大数据素养的研究有：刘思言、毕大伟的《大数据时代下大学生思想政治教育路径探究》(载《北方商贸》2016年第10期),张进良、李保臻的《大数据背景下教师数据素养的内涵、价值与发展路径》(载《电化教育研究》2015年第7期)等。围绕打造资源平台、搭建技术平台和保障体系的研究有:胡子祥、余姣的《大数据时代思想政治教育载体变革及对策研究》(载《思想教育研究》2015年第2期),刘思言、毕大伟的《大数据时代下大学生思想政治教育路径探究》(载《北方商贸》2016年第10期),崔海英的《大数据时代高校网络思想政治教育的价值维度与实现方式》(载《黑龙江高教研究》2015年第3期)等。大数据在为我们带来便捷、即时、海量信息的同时也会引发一系列伦理问题,如数据至上,对机器数据的依赖,缺乏自主意识,变为"数奴",隐私被暴露,权利受到侵犯,等等。相关研究的文献主要有:安宝洋的《大数据时代的网络信息伦理治理研究》(载《科学学研究》2015年第5期)、黄欣荣的《大数据技术的伦理反思》(载《新疆师范大学学报(哲学社会科学版)》2015年第3期)等等。如何解决这些问题,史卫民等学者从立法、制度保障、技术保护、道德规范等角度进行了论述。①

在课程方法创新方面,围绕非线性分析、社会网络结构、定量分析、整体分析的研究有:王民忠的《高校思想政治教育运用大数据分析的多维路径》(载《思想理论教育》2016年第5期)、赵浚的《大数据创新高校思想政治教育方法的探析与应用》(载《贵州社会科学》2016年第3期)。围绕网络资源提供和采取主题讨论、辩论、研究性学习等多种教学方法等多层面教学方法进行研究的有:李立坚的《大数据时代高校思想政治理论课教学创新研究》(载《文史博览·理论》2016年第6期),李亚青、郭跃军、周燕的《大数据视域下的数据教学链研究——以"思想道德修养与法律基础"为例》[载《河北农业大学学报(农林教育版)》2015年第2期]等。

大数据教育的个性化、生活化、多元化、共享性、即时性、自主性特

① 参见史卫民:《大数据时代个人信息保护的现实困境与路径选择》,载《情报杂志》2013年第12期。

点，使得思想政治理论课内容和形式更加灵活多样，有利于学生接纳和融入，提高思想政治教育供给的精准度、有效性和针对性。运用大数据准确把握学生思想行为动态，有利于教师因人、分层分类进行教学设计，因人施教，因人化人育人，使思想政治教育更加人性化，回归教育的人本属性。国外关于大数据应用于教育如翻转课堂、微课程、混合课程和慕课的理论研究和实践应用如火如荼。国内受到全球化的影响，顺应时代潮流，也在进行教育创新研究和实践。思想政治教育应用大数据技术的研究和实践也在探索中，这种新型的个性化、生活化、多样化、共享性、即时性、自主性的教育模式对我国思想政治理论课建设有着很大的启发和借鉴作用，但也要注意其背后隐含的价值输出和文化霸权倾向，从而建构既有国际视野又有中国特色的思想政治理论课新模式。

三、高校思想政治理论课学习模式构建

高校思想政治理论课学习模式围绕“多元、灵活、互动、平等”线上线下混合式构建。

学习模式是能够使学生达到最佳学习状态的方法。“学习模式”的思想起源于20世纪70年代，近年来获得普及。这一理论提议教师应该评估其学生的学习模式，并使其课堂教学方法能够最适合每个学生的学习模式。学习模式多种多样，按照人体生理感觉进行分类，有视觉模式、听觉模式、触觉模式。思想政治理论课教学将其全部包括。课上的教学中，学生主要实施的是视觉模式和听觉模式的结合，有的学生擅长通过听教师讲课的方式进行学习，善于根据教师的语气、语速、停顿来寻找讲课的重点，有的学生对于教师使用的图表、图片、照片、视频及其他的PPT上演示的例子和教师的表情以及肢体语言感兴趣，喜欢借助视觉获取的信息去学习相应的内容。触觉模式的学习者喜欢实践或者互动的学习方式，更能够记住自己做过的、模仿过的、练习过的、经历过的事情，

这种学生比较喜欢课堂实践教学和课外的社会实践。而线上线下混合式学习则更好更合理地将视觉模式、听觉模式、触觉模式排列组合，并赋予学生根据自己的习惯和兴趣来自由选择适合自己学习模式的学习方法。

混合学习被认为是把数字化学习与面对面学习优势结合起来形成的一种新的学习方法。2011年1月，创见研究所发布了题为《K-12混合式学习的兴起》(The Rise of K-12 Blended Learning)的研究报告，不久该机构又发布了题为《K-12混合式学习的兴起之新型模型的描述》(The Rise of K-12 Blended Learning-Profiles of Emerging Models)的研究报告，着重推出了40个组织的48种不同的混合式学习的案例。创见研究所的研究者认为，混合学习蕴藏着巨大的潜力，对传统教育进行根本性的设计和破坏。在对于混合式学习的定义中，大部分的定义都是针对学习的不同环境进行的混合(尤其是传统的面对面教学环境和数字化技术教学环境的混合)。随着对于混合式学习的研究、探索和实践的不断深入，才有了上面的这个定义，才有了在线学习与面对面结合的定义的取得。

混合学习主要有两部分组成：一是通过在线学习接受课程内容，且学生可以自己控制时间、地点、路径和进度，二是在有监督和指导的家(宿舍)以外的实体地点(教室)进行。混合学习包含训前测评、在线课件、训后考核、"云"资源、图书导读、案例、线上讨论、当面讨论、实践学习、指导引导和点对点交流。① 随着互联网的应用和网络教育的发展，国内越来越多的教育培训机构引入混合式学习模式。国内学者认为，混合式学习不同于以往传统的单一学习方式，是传统学习模式与网络学习的优势相结合，充分发挥学生的学习主体地位、学习的积极性和主动性，又充分发挥教师的引导、启发、监督学习过程的主导作用。

综上，混合式学习就是传统课堂学习和网络学习优势的互补，发挥

① 参见于永昌、刘宇、王冠乔：《大数据时代的教育》，北京师范大学出版社2015年版，第81～82页。

探求学习的最优过程以达到最佳的学习效果的学习方法。在这种学习模式中，学生可以自主选择学习时间、学习进度和学习方式，在自身状态最佳、兴趣较浓的时候集中一段时间和精力进行学习。当然这种自由也不是绝对的自由，要在教师限定的时间内完成线上课程内容的学习，利用技术平台的支持共享案例、图片和视频等教育资源，并结合教师在线上公布的教学主题和问题在线回答问题，与教师、同学进行交流，这可以避免千人一面、整齐划一的教学内容。同时，也要坚持传统课堂面对面、点对点的教师指教和导引的优势，发挥教师根据不同的学生进行个性化的教育的传统优势，避免了教而不导、学生的困惑疑问无所解决的网络学习问题。

混合式学习模式的设计和实践具有多元、灵活、互动、平等的特点。混合式学习的一个重要优势是可以利用网络和信息技术建立多媒体资源库，这个资源库中有图片、图表、文字、声音、动画和视频等多种形式的资源，学生可以根据自己的需要和学习习惯模式(视觉学习、听觉学习、触觉学习)以及学习任务要求来选择不同的信息表达方式。比如，顺丰快递在微信的公众号中就设置了物流显示的文字信息和地图信息，消费者可以根据自己的偏好进行选择。同理，多媒体资源库也为学生提供了多元选择。多媒体资源库的建立也是混合式学习线上部分重要的前提和基础，包括多媒体课件、电子图书、电子期刊、网络课程等，学生和教师都可以浏览、发布和分享图片、音频、视频等资料。利用网络学习平台的建立加强师生交流、生生互动。线上学习不仅可以为学生提供多样化的学习资源，符合学生多元化的需求，还可以通过学习平台(包含教学、辅导、考核)的建立帮助学生自主学习，通过话题的发起来进行线上讨论，也可以通过私信对话功能与学生单独交流，教师可以通过知识测试和布置作业来检测在线学习效果。在混合式学习中，学生学习过程和数据会被记录下来，教师可以通过管理端同步数据，指导和监督学生进行学习，通过对学生学习过程的记录和分析，形成新的基于学生学习情况进行调整的学习方案和设计。这种线上线下混合学习模式可以充分发挥学生学的主体作用，大大激发了学生学习的主动性。当然教师的指导即教师的主导性是必不可少的,教师通过线上活动的设计和进行,通过对线上学习情况的分析,可以更有针对性地组织课堂教学活动,教师可以从繁重的课程讲解中脱离开,针对学生进行个性化的指导,更可以提高教学效率。

通过混合式学习,学生的学习不必再局限于教师的讲授、课本的学习以及教师在课堂有限的时间内提供的学习资源。网络多种学习资源的供给,大大拓展了课堂的容量和课程的广度,通过教师引导学生对于理论与相关资料结合的思考,也加深了思想政治理论课的深度,尤其是深化了理论指导现实、解决现实问题的解释力。

从问卷调查对"哪种思想政治理论课课程授课方式您较喜欢"这一问题(多选题)的回答结果(见表 2-28)可以看出,学生对于案例、社会热点焦点感兴趣,喜欢互动式的学习模式,偏好实践体验式的学习模式,对线上线下结合的学习模式在学生中也有很大的需求。线上线下的混合式学习模式,既可以满足学生对时下网络学习的需求,也可以充分发挥其在课堂中的主动性,在讨论、互动的过程中掌握理论,运用理论,转变思想,完善人格,提高思想道德素养和文化素养。

混合式学习模式的应用需要数字化资源建设,包括课件、多媒体素材、题库、网络课程、参考文献资料、教学案例、常见问题解答和资源目录索引等几个方面的资源。网络课程和网络学习平台具有整合数字化学习资源的作用,学生通过网络课程的学习访问课件、媒体素材、题库、参考文献、案例等资源进行自主学习。网络学习平台也是为学习者提供数字化学习资源的中介。混合式网络学习平台可以为教师提供思想政治理论课教学资源、教学支持服务和互动平台。教师可以通过这个平台获取教学备课、教学测试、作业管理、学生自学和社会实践等一系列教学活动和学习活动需要的多种多样的资源,这些资源以文本、音频、视频、图片等方式呈现,还有课程的优秀教学案例供教师学习和参考。教学支持服务主要涉及一些技术化的工具,这些工具使得教师将一些信息输入就可以生成教案、课件,出现作业和测试的结果,并有相应的结果分析报告，既有知识点的涵盖面、难易程度，又包括能力提升指数等分析。

互动交流平台可以后台链接微信、QQ等即时交流工具，也可以链接电子邮件等进行延时交流。学生可以通过学习平台进行网络自主学习，网络课程的学习可以拓展课堂教学的深度和广度，加深学生对于课程重要理论的认识和理解，通过观看网络中优秀教师的示范课，激发学生的学习兴趣，通过课后阅读模块中提供的参考书目和读物可以深化学生对于课程内容的理解，同时提高自身的人文素养。学生可以在技术支持下完成作业、提交作业，并可以根据所在的专业选择相应的考试测试题目，答题完毕提交后可以看到测试结果，包括分数、错题分析、思路导向等等，学生还可以在平台学习笔记模块记录自己的学习心得和学习理解，在此模块可以设立成博客、论坛形式，将其中的愿意公开的部分与教师和同学分享，共同讨论交流。

混合式学习模式的应用可以解放教师，打破传统课堂教学中教师单项传递知识和技能的模式。平台中的学习是双向互动的“教”与“学”的模式，教师同时也可以更多地关注学生的思想动向、关注学生思维和能力的培养，而不仅仅在课堂紧锣密鼓，为了完成知识点的讲授而忽视了学生的接受程度、内化程度和实践情况。学生在混合式学习模式中的主体作用凸显。传统的课堂教学模式中，由于一些教师的个人因素，导致教学内容、教学方法千篇一律，缺少针对性。不同学科不同专业不同类别的学生的学习主动性、学习能力、学习意愿、学习状态的差别很大，如果缺乏调研和深入了解，教师教学无类，往往会影响课堂教学效果和学生的学习效果。一些教师满堂灌的填鸭式教学更是缺少互动，而学生是要在学习的过程中针对学习内容不断地与教师进行交流和沟通才能获得知识，构建知识体系，训练思维，提高能力。将课堂学习与网络学习相结合，可以解决课堂教学中较难改善的问题，比如大班授课缺少针对性、缺少案例分析和互动时间等。

以“思想道德修养与法律基础”课为例，我们可以具体分析学习平台整合数字化学习资源的作用。

【案例】

1.课前准备阶段

在这一阶段，教师需要搜集、准备好与课程相关的资源，包括网络资源、电子资源、纸质资源等。这些资源的准备主要服务于教师课堂教学，帮助和促进教师讲解过程中学生的理解，还有一部分要用于学生课后的网络学习。学生可以通过课堂教师的讲解获取基本的知识，在此基础上结合网络中的学习资源，通过课后的自主学习，进一步加强和深化对于知识点的理解，培育学生获取信息能力、针对专业选择资源的识别能力、组织能力、沟通能力和自主学习能力。

混合式学习资源库大大缩减了课前准备阶段的时间，也拓宽了材料获取的渠道和范围。

2.教学导入阶段

此阶段可以有多种导入方式：

第一，问题导入。设计与课程内容相关的问题，这些问题的提出能够引发学生对于学习内容的思考，或是设问，在讲解的过程中自问自答，或是请学生来回答，如在讲到人生观的时候可以以如下一系列的问题开始课程：人是什么？人与动物有什么区别？人的木质又是什么？人生是什么？怎么看待人生？什么样的人生是有价值、有意义的？讲到中国精神的时候可以设计如下一些问题：中国精神是什么？中华文明为什么历史悠久且连续不断？新时代我们如何弘扬中国精神？在讲到法律权利与义务的时候，可以设置如下一系列问题：大学生的父母是否还有义务为其负担学费？我们从出生到死亡有哪些法律权利？等等。

第二，案例导入。讲到社会公德问题的时候，可以选择高铁“霸座女”、高铁“霸座男”的案例，也可以选择重庆公交车坠江事故，还可以选取“最美教师”张丽莉、“最美妈妈”吴菊萍，复旦大学研究生林森浩投毒事件，等等。在讲到法律问题的时候，特别适合的导入方式就是案例导入，比如在理解法律运行的环节的时候，选择一些案例，如司法庭审的公开视频。案例导入可以通过图片展现教师讲解的形式，也可以通过播放视频、教师总结的形式进行。

3. 告知学生学习目标（教学目标）阶段

“思想道德修养与法律基础”课，是一门融思想性、政治性、知识性、综合性和实践性于一体的课程，尤其注重实践性。课程要求学生主要实现以下几个层次的学习目标：一是教育教学的过程中大学生知识的获取，包括系统的知识和科学完整的理论。比如了解人生观的含义、内容，理想信念的含义与特征，远大理想与共同理想，中国精神的内涵，社会主义核心价值观的内容、法律的内涵等等。二是能力的提升。学生在课程学习中通过师生互动、生生互动能够将理论联系实际，解决实际生活中的现实问题，在这个过程中不断升华对理论的理解。三是形成正确的“三观”，提高思想道德素质与法律素质。大学生积极培育和践行社会主义核心价值观，坚定马克思主义的信仰，树立中国特色社会主义的共同理想，树立为人民服务的人生观，加强个人道德修养，养成良好的社会公德、职业道德、家庭美德，增强法治意识，训练法治思维，提高法律素质。

4. 知识和理论讲解、资源利用阶段

教师在教育教学的过程中向大学生进行系统的理论和知识的讲授。在此过程中，教师根据教学的内容、教学目标和学生的特征（诸如学科、专业、年龄等等）为学生提供由不同的教学媒体呈现出来的学习资源，这些学习资源能够与教师讲解的知识、理论相结合，与教师对学生的引导相结合，发挥学习资源的作用，最大限度地帮助学生理解、内化。这个阶段可以根据教学内容（知识、理论）的难易程度来选取学习的方式，对于较难理解的知识和理论，这个阶段就需要安排在课堂上进行，如果内容相对比较好理解，那么这个阶段就可以安排在网络学习中，由学生自己在课下某一时间通过观看课程视频、课件和相关资料来完成学习，并在学习后通过网络资源平台的作业设置和测试来检验学生对相关知识、理论的掌握程度，同时对于学习中有怀疑、不清楚的地方可以通过交流平台与教师进行交流，教师可以将学生提出的问题分类、总结，或者在网络中统一回复，或是针对学生都较模糊的知识点和理论在课堂集中为学生讲解。

5.提出问题，分组讨论合作学习阶段

在知识、理论学习基础上的分组合作学习，是将具有思想性、科学性的理论和知识置于问题之中，通过让学生小组讨论合作的方式共同分析问题、解决问题，以此来主动学习问题背后隐含的知识和道理，加深学生对于理论的理解。小组合作学习的方式有利于学生分析和解决具有一定实际意义的问题，构建系统性的知识基础，激发学生自身的主动学习的兴趣和动机，提高解决问题的能力、团队协作能力、沟通能力、自主学习能力。“思想道德修养与法律基础”课程的教学中，小组问题可以由教师通过教学主题和内容提出，也可以由学生自己对于某个知识、某个教学小节提出问题，在教师的帮助下明确问题的内涵，然后再分析，初步提出解决方案和办法。接下来小组分工，针对问题，确定研究计划和时间安排，学生按照分工和时间安排，完成自己的任务，搜集与问题相关的信息，对搜集到的信息（文献、研究、相关论据）进行分析、整理，将其与之前已掌握的信息结合，对于初步提出的办法进行调整或修正，最后形成解决问题的最终方案。在下一次的课堂上以小组为单位汇报完成的过程和讨论成果，使学生对于各个小组主题的选题缘由、背景、内容、意义等方面都有比较全面而明晰的认知。

6.信息反馈、行为评价阶段

混合式学习的一个重要的环节，就是对学生的回答给予及时的反馈。对于学生的学习行为进行评价，一方面可以通过倡导全班学生的参与而了解学生对于相关问题的看法，以此来检查教学活动的组织和教学内容的设置是否恰当、合理；另一方面也可以通过及时的评价让学生了解其对相关问题分析方向的符合度和偏离度、搜集信息的途径的明确以及信息有效性的判定，提升各种能力。

7.总结阶段

总结阶段特别重要的一个原则，就是促进学生将知识、理论内化于心，外化于行，不仅可以很好地掌握和应用理论与知识，举一反三地解决类似的问题，在现实问题的分析解决中将知识和理论融会贯通，还要推进学生“知行合一”，努力实践，尤其“思想道德修养与法律基础”课程的应用性、实践性、综合性的特征，决定了知识和理论不仅要掌握能应用，更要有坚定的信念和外化于行的思想道德修养的切实提高。

实例分析如下（选取“思想道德修养与法律基础”课法律的起源和含义部分进行设置）①：

步骤	教师侧	学生侧	设计目的
一、课程教学导入	1. 通过案例和问题引起学生注意和思考： (1)河南某大学两个大学生掏鸟窝被判刑。 (2)假药案：人血白蛋白造假。 2. 导入教学正题：什么是法律？为什么不管愿意与否触犯了法律都要承担法律责任？	1. 观看PPT中的问题和视频。 2. 在中学学习的基础上，结合现实生活，积极思考问题的答案。	通过案例的展示，提出问题，引发学生的思考，引出本节课程的主题。
二、告知学生本节课的学习目标	教师简单介绍本节课的学习目标。 知识、能力、价值观。	观看PPT上关于学习目标的内容。 在教师介绍的基础上，知晓本次课的学习目标和学习任务。	通过教师向学生介绍学习目标，让学生明晰本次学习的目标和任务。

① 关于混合式学习模式的构建，十分感谢华中师范大学杨志峰研究的启发。参见杨志峰：《高校思想政治课混合式学习的设计和应用》，华中师范大学硕士学位论文，2009年5月。

续表

步骤	教师侧	学生侧	设计目的
三、知识和理论讲解、资源利用	"法律"的词源： 展示中国古代的"法"(灋)字并解释,展示"律"的解释。 展示西方"法律"的代表。 展示"法律"合成词的含义(广义和狭义)。	1. 观看幻灯片。 2. 结合教师的讲解,理解法律的词源,从而为法律内涵的理解奠定基础,引发思考。	通过展示幻灯片,激发学生的学习兴趣,向学生展示相关内容,并通过讲授,让学生了解相关教学内容,引起其对于法律到底是什么,法律的本质、特征的思考。
	分层次讲解法律的含义： (一)法律具有国家意志性,由国家创制,法产生的两个途径(结合例子:《民法通则》的制定、宪法修正案、加入 WTO、《婚姻法》子女赡养义务和父母抚养教育义务)。	1. 观看幻灯片。 2. 结合教师的讲解理解法律的特殊性(国家意志性的体现)和法律产生的两个途径。	通过幻灯片的展示,向学生展示相关内容,并通过讲授,让学生了解相关教学内容,加深其对于法律特殊性的思考。
	(二)法律是由国家保证实施的行为规范(法律的强制力)。解释强制力的特征(规范性、制度性、保障性)。	1. 观看幻灯片。 2. 结合教师的讲解理解法律的强制力。	通过幻灯片的展示,向学生展示相关内容,并通过讲授,让学生了解相关教学内容,加深其对于法律强制性的范围和设置的思考。

续表

步骤	教师侧	学生侧	设计目的
	（三）法律体现的是统治阶级的意志。 对于统治阶级的意志进行界定（结合例子：执政者/皇帝个人的偏好如果没有成为国家的意志，就不是法律，不对社会成员具有约束力）。	1. 观看幻灯片。 2. 结合教师的讲解理解法律的本质：统治阶级意志的体现。	通过幻灯片的展示，向学生展示相关内容，并通过讲授，让学生了解相关教学内容，引发其对于剥削性质的国家法律与社会主义国家法律本质的思考。
	（四）法律由社会物质生活条件决定。这里重点用马克思主义唯物辩证法中物质决定意识的内容来解释。举例：封建制法律由执政者制定并反映其意志，这种统治者的意志由其所处的社会物质生活条件决定（主要是生产力和生产关系），其不可能有环保立法的意志，也不可能有保护民众权益的立法。	1. 观看幻灯片。 2. 结合教师的讲解理解法律的深层本质，这里尤其掌握马克思主义的辩证唯物主义理论和方法的使用。	通过幻灯片的展示，向学生展示相关内容，并通过讲授，让学生了解相关教学内容，引发其对于物质决定意识、经济基础决定上层建筑和剥削社会法律与社会主义法律对比的思考。
	（五）法律是规定权利和义务的行为规范。这里讲的是法律的内容，不管是哪种类型的法律，其核心都是权利与义务。民法部门的法律是对于公民、法人和非法人的权利与义务的规定，行政法部门是关于行政权的授予、行使和监督的规定。 总结法律的含义，综合提出。	1. 观看幻灯片。 2. 结合教师的讲解理解法律的核心内容。	通过幻灯片的展示，向学生展示相关内容，并通过讲授，让学生结合自身对法律内容的认知，了解相关教学内容，加深对于法律内容的理解。

续表

步骤	教师侧	学生侧	设计目的
四、提出问题,分组讨论合作学习	1.幻灯片展示问题:法律与道德有什么联系和区别?只倡导以德治国可以吗? 2.布置小组分组讨论、汇报的任务安排。	1.结合教师的讲授积极地思考,大家踊跃发言讨论(课上进行)。 2.小组分工,合作学习(在课下进行)。针对问题,确定研究计划和时间安排,学生按照分工和时间安排,完成自己的任务,搜集与问题相关的信息,对搜集到的信息(文献、研究、相关论据)进行分析、整理,将其与之前已掌握的信息结合,对于初步提出的办法进行调整或修正,最后形成解决问题的最终方案。在下一次的课堂上以小组为单位汇报完成的过程和讨论成果,使学生对于各个小组主题的选题缘由、背景、内容、意义等方面都有比较全面而明晰的认知。	通过课堂问题的提出和学生的回答,了解学生对于教师相关讲解的掌握情况,通过小组合作学习,使学生深化对教师讲授的法律含义的理解。

续表

步骤	教师侧	学生侧	设计目的
五、信息反馈、行为评价	对学生的回答给予反馈,对学生的分组学习行为和成果给予评价。	主动积极思考,结合教师的反馈和评价了解其对相关问题分析的情况(正误、方向)等。	了解学生对于相关问题的看法,及时的评价让学生了解其对相关问题分析方向的符合度和偏离度、搜集信息的途径的方向以及信息有效性的判定,提升各种能力。
六、总结	1. 总结本次教学内容。总结此次学生的表现,好的方面给予充分的肯定和表扬,不足的地方提出修正建议。	根据自己的学习情况进行自我总结(经验和不足)。	让学生真正的理解和掌握理论联系实际、解决问题的过程。
	2. 安排课后复习和预习作业:如何理解法律的特殊性?社会主义法律的本质是什么?社会主义法律的优越性是什么?	明晰课后学习的任务。	巩固学生此次学习的知识和理论。

四、高校思想政治理论课课程模式构建

高校思想政治理论课课程模式围绕“严选、恰当、适应、接受、反馈”供需准确、有效来构建。

课程设计有多种模式，有的根据教学目标进行设置，有的是过程的设置，有的是根据教师自己的兴趣进行设置，还有的根据教学大纲进行设置。不管如何设置，都涉及对这样几个问题的思考：我们为什么要教（学）这门课？到底要教（学）什么？怎么教（学）？教学（学习）效果如何？

作为对高校学生进行思想政治教育的思想政治理论课，教学的目标是非常明确的。思想政治理论课的教育目的是集合式的，是一个目标体系。按照不同的标准和不同的角度可以有不同的分类和层次。按照内容可以分为思想教育目标、政治教育目标、道德教育目标、法治教育目标等，每一个里面还可以具体地细分，比如道德教育目标里又可以细分为社会公德目标、个人品德目标等等。根据时间可以分为近期目标、中期目标和远期目标。根据教育主体可以分为个体教育目标和整体教育目标，个体教育目标是指通过思想政治教育活动在学生个体思想、行为方面所期望达到的结果，整体教育目标是指通过思想政治教育活动在学生整体（大可包括教授的全部学生，小可包括一个教学班或者一个学科、专业的学生整体）思想和行为方面所期望达到的结果。还可以根据所处的位置分为根本目标和具体目标。思想政治教育的根本目的是指思想政治教育活动所要达到的终极目标。我国思想政治教育是以共产主义为方向，直接作用于人的思想品德，是培养人的思想道德素质的活动。我国思想政治教育的这一性质决定的思想政治教育的根本目的是提高人们的思想道德素质，促进人的自由全面发展，激励人们为建设中国特色社会主义、最终实现共产主义而奋斗。据此，思想政治理论课的根本目标即是以共产主义为远大理想，坚定马克思主义信仰，坚信和拥护中国共产党的领导核心地位，不断提高思想道德素质（思想观念、政治立场、价值取向、道德情操和行为习惯等方面品质和能力的综合体现）、法治素养（人们通过学习法律知识、理解法律本质、运用法治思维、依法维护权利与依法履行义务的素质、修养和能力），促进人自由而全面地发展，为推动中国特色社会主义事业而奋斗。思想政治理论课的根本目标具有最高性、终极性、抽象性和原则性。根本目标不是具体的，它是方向性的，没有规定实现的时间和标准，它是灵魂，是思想政治理论课活动的旗帜和灯塔。思想政治理论课还需要有具体的教育目标，即围绕根本目标，将其具体化、可操作化，结合不同的思想政治理论课课程内容进行分解。同一个课程又要结合课程大纲、每次授课要达到的目的进行目标的设定。①

到底要教(学)什么、怎么教(学)这两个问题，实际上就是教学内容和教学方式的问题。2016 年 12 月 8 日，习近平在全国高校思想政治工作会议上指出："要教育引导学生正确认识世界和中国发展大势，从我们党探索中国特色社会主义历史发展和伟大实践中，认识和把握人类社会发展的历史必然性，认识和把握中国特色社会主义的历史必然性，不断树立为共产主义远大理想和中国特色社会主义共同理想而奋斗的信念和信心；正确认识中国特色和国际比较，全面客观认识当代中国、看待外部世界；正确认识时代责任和历史使命，用中国梦激扬青春梦，为学生点亮理想的灯、照亮前行的路，激励学生自觉把个人的理想追求融入国家和民族的事业中，勇做走在时代前列的奋进者、开拓者；正确认识远大抱负和脚踏实地，珍惜韶华、脚踏实地，把远大抱负落实到实际行动中，让勤奋学习成为青春飞扬的动力，让增长本领成为青春搏击的能量。"② 2018 年 9 月 10 日，习近平在全国教育大会上强调："要在坚定理想信念上下功夫，教育引导学生树立共产主义远大理想和中国特色社会主义共同理想，增强学生的中国特色社会主义道路自信、理论自信、制度自信、文化自信，立志肩负起民族复兴的时代重任。要在厚植爱国主义情怀上下功夫，让爱国主义精神在学生心中牢牢扎根，教育引导学生热爱和拥

① 参见陈万柏、张耀灿:《思想政治教育学原理》(第 3 版)，高等教育出版社 2015 年版，第 78～89 页。

② 习近平:《把思想政治工作贯穿教育教学全过程 开创我国高等教育事业发展新局面——在全国高校思想政治工作会议上的讲话》，2016 年 12 月 8 日，新华网，http://www.xinhuanet.com/politics/2016-12/08/c_1120082577.htm。

护中国共产党，立志听党话、跟党走，立志扎根人民、奉献国家。要在加强品德修养上下功夫，教育引导学生培育和践行社会主义核心价值观，踏踏实实修好品德，成为有大爱大德大情怀的人。要在增长知识见识上下功夫，教育引导学生珍惜学习时光，心无旁骛求知问学，增长见识，丰富学识，沿着求真理、悟道理、明事理的方向前进。要在培养奋斗精神上下功夫，教育引导学生树立高远志向，历练敢于担当、不懈奋斗的精神，具有勇于奋斗的精神状态、乐观向上的人生态度，做到刚健有为、自强不息。要在增强综合素质上下功夫，教育引导学生培养综合能力，培养创新思维。要树立健康第一的教育理念，开齐开足体育课，帮助学生在体育锻炼中享受乐趣、增强体质、健全人格、锤炼意志。要全面加强和改进学校美育，坚持以美育人、以文化人，提高学生审美和人文素养。要在学生中弘扬劳动精神，教育引导学生崇尚劳动、尊重劳动，懂得劳动最光荣、劳动最崇高、劳动最伟大、劳动最美丽的道理，长大后能够辛勤劳动、诚实劳动、创造性劳动。”①

可见，新时代思想政治理论课的教学内容包括马克思主义、毛泽东思想和中国特色社会主义理论体系的教育，中国选择社会主义道路和坚持中国共产党的领导的必然性的明确，引导学生形成崇高的理想信念，树立科学高尚的世界观、人生观和价值观，培育和践行社会主义核心价值观，做新时代的忠诚的爱国者和改革创新的生力军，提高思想道德素养，明大德守公德严私德，增强法治观念培养法治思维，承担建设中国特色社会主义的历史使命，不断健全人格，提高自身综合素质。这些具体的教学内容要根据教学计划合理安排，并且要与现实相结合，要形成覆盖全面、重点突出、深度适中、易理解易接受的教学体系。那么，如何实现教学内容，达到教学目的，取得预期的教学效果，教育方式也即教师的组织起着重要作用。用何种方式来呈现教学内容，不同的教师可以有不

① 《习近平出席全国教育大会并发表重要讲话》，2018 年 9 月 10 日，中国政府网，http://www.gov.cn/xinwen/2018-09/10/content_5320835.htm。

同的选择，或是传统教学模式或是“传统＋现代网络技术”的课堂教学模式，或是讲座教学模式等等，教学模式的选择应根据教学内容的变化而变化。教学模式的设置要服务于教学内容，有利于教学内容的讲授，有利于教学活动的实施，有利于学生学习主动性的发挥和学习兴趣的激发，有利于提升学生学习的获得感，有利于教学目标的达成。

教学(学习)效果如何，也就是教学效果的评价，既包括教学结果评价也包括教学过程评价。教学结果的评价包括思想政治理论课教学活动是否合目的性(教学目标)，是否具有教育性，是否满足了学生个体的需求(包括对知识的渴望的满足、爱国责任情感的增强、能力的提高、符合社会要求的实践行为的形成)，是否满足了社会需求(社会对人才的需要)。教学过程的评价包括思想政治理论课教学活动是否被学生所接受内化于心，并有外化于行的意识，以及学生对于教师教学内容的设计、教学活动的组织、教学方式方法的选择的反馈(课堂气氛、抬头率等)，教学情境的设置是否恰当、可受，是否与教学目标和教学主题具有较高的涵容性，教学内容与教学方式的契合度如何。①

课程模式的构建要围绕以上四个问题进行，探索中班授课、小班讨论学习的模式，遵循“严选、恰当、适应、接受、反馈”的原则构建供需准确有效的课程模式。

五、高校思想政治理论课实践模式构建

高校思想政治理论课实践模式围绕“多样、可受、体验、交互、参与”课内课外互补式构建。

《中宣部、教育部关于进一步加强和改进高等学校思想政治理论课

① 参见沈壮海：《思想政治教育有效性研究》，武汉大学出版社 2016 年版，第 95、128、133～139 页。

的意见》(教社政[2005]5 号)指出:“要加强实践教学。高等学校思想政治理论课所有课程都要加强实践环节。要建立和完善实践教学保障机制,探索实践育人的长效机制。围绕教学目标,制定大纲,规定学时,提供必要经费。加强组织和管理,把实践教学与社会调查、志愿服务、公益活动、专业课实习等结合起来,引导大学生走出校门,到基层去,到工农群众中去。要通过形式多样的实践教学活动,提高学生思想政治素质和观察分析社会现象的能力,深化教育教学的效果。”①中共中央宣传部、教育部《普通高校思想政治理论课建设体系创新计划》(教社科[2015]2 号)明确指出:“进一步规范实践教学。推动思想政治理论课实践教学与大学生社会实践活动有机结合,整合思想政治理论课教师和辅导员队伍,共同参与组织指导实践教学。各高校要健全组织管理方式,逐步形成学校思想政治理论课教学科研机构、宣传部、教务处、学工部、团委等部门协调配合的实践教学工作机制。积极争取社会各方面支持,整合实践教学资源,拓展实践教学形式,建设一批相对稳定的实践教学基地。注重总结实践教学成果,把优秀调研报告等作为课堂教学的补充材料。”②实践教学是思想政治理论课的重要组成部分,实践教学活动(课堂实践和课外实践)有利于提高思想政治理论课的实效性,让学生在实践中不断提高个人的思想道德修养和分析社会现象、解决社会问题的能力,是培养全面发展的高素质人才的重要途径和有效方法。强化实践,将课堂理论教学与课内外实践教学相结合,让学生将课堂学习到的理论知识放到社会实践中加深理解,并增长和强化各种实践能力,通过思想政治理论课理论育人与实践育人的结合,真正达到其内化育人的目标。

---

① 《中宣部、教育部关于进一步加强和改进高等学校思想政治理论课的意见》,2005 年 3 月 2 日。

② 参见中共中央宣传部、中华人民共和国教育部:《普通高校思想政治理论课建设体系创新计划》,2015 年 7 月 27 日,http://www.moe.edu.cn/srcsite/A13/moe_772/201508/t20150811_199379.html。

(一)课外实践教学

对问卷调查中“您更喜欢哪种思想政治理论课课外社会实践方式”这一问题的回答,学生喜爱的方式依次是:“参观有教育意义的景区、实践基地等”(50.31%)、“观看有教育意义的影片”(41.51%)、“走进农村、社区和企业,亲身体验”(38.36%)、“参加相关文艺活动”(28.93%)。这几种方式可以综合应用,根据课程内容的不同,确定课外实践的方式。比如在了解某些历史事件的时候可以组织学生去相关地方进行参观,在了解人物的时候可以将观看影片与人物故居参观相结合,在了解改革开放的成就的时候可以组织学生去农村、社区和企业进行体验,进行红色教育的时候也可以组织全校性的知识竞赛和歌咏比赛等。教师可以在课前提前布置,明确社会实践的地点和时间以及学习实践的任务,学生围绕学习任务开展自主学习,学生以小组为单位在学校图书馆馆藏图书和数字化资源库中查找并整理实践活动相关的文字记载、图片、音频和视频资料,为完成实践做好充足的准备。实践课结束后,学生可以运用文字和小组汇报相结合的方式表达自己的感受,学生小组通过讨论集体完成社会实践报告,报告中可以插入有助于内容理解的相关的图片,同时举办多种形式的汇报会,包括演讲、文艺汇演、情景剧、朗诵等。

下面是山东大学(威海)学生在参观威海市刘公岛后写下的感想,从中可以看出实践教学对于学生形成正确的“三观”和厚植爱国情感的积极作用,一次身临其境的实践和体验胜过千言万语的讲述。

刘公岛,不只是一个岛

刘公岛,一个想去又不愿去的地方。

“瑶岛晴开云母幄,霞云淡染笔公头”,恰逢秋意浓浓之时,伴随着马达轰鸣声,游船在海面上徐徐前行,划出一道长长的水痕,卷起无数雪白的浪花。凭栏远眺,水天一色,烟波浩渺。弯弯的海岸线像伸出两只臂膀，从南北环抱住一抹金色的岛屿，小岛宛若一颗璀璨明珠镶嵌于浩渺的黄海。行船十多分钟，一座小岛清晰地映入眼帘，只见孤峰屹峙，碧波萦环。岛上古木参天，亭台玉立，楼阁错落，犹如画卷；岛巅云雾弥漫，天地一阔，湖光连天，鸥影点点；岛间树木丛生，绿荫掩映，繁花锦簇，流水潺潺。海天一色的美景，使人流连忘返。这，就是期待已久的刘公岛……

然而，瑰丽的海景背后，却留有一段悲壮与屈辱的历史。

谁曾想到，在100多年前，在这风景迤逦的万顷碧波上，曾经上演了一场多么惨烈的海战，它是中华民族永远难以愈合的伤痛。1894年，中国与日本在黄海大东沟海域发生了震惊中外的甲午海战。日军偷袭威海卫炮台，并以军舰封锁东、西港口。一时间，原本平静的海面上硝烟弥漫，烽火连天。谁知中国守军在极为有利的情况下，却主动撤退，日军随即转败为胜。一场本该势均力敌的大战，却因为清政府的腐败无能，避战求和，令花费数百万两白银打造的号称“亚洲第一、世界第九”的海军舰队——北洋水师竟全军覆没。伴随着威海卫的失守，让清朝海防变得毫无防御能力，日军随即占领了威海卫，列强也乘机瓜分中国军港。甲午一战，清政府不仅被迫与日本签订了丧权辱国的《马关条约》，还签订了中德《胶澳租界条约》，默许德国强行租借了胶州湾。更有甚者，英国则在日军撤离威海卫之后，派兵进驻威海，并于1898年与清政府签订了《中英订租威海卫条约》，山东海防至此门户已全然洞开。一战的失守，一战的退败，留下的伤痛不仅仅只在威海这片土地上。山东各地的赋税倍增，灾民和农民都被迫成为流民，足以证明，如果神州四分五裂，便会民不聊生。

登上刘公岛，历史的尘埃被轻轻拂去，屈辱的一幕幕往事一页页翻起，我的悲愤之情，不能自抑。

首先映入眼帘的是一座巨型雕塑，用当年甲午海战遗留下的军舰残骸作为材料，做成锈迹斑斑的铁锚和舵盘，那上面铭记着将士们烽火戍边的忠诚。站在雕塑前西望，北洋海军提督丁汝昌公衙的威武犹存。衙门内有厅堂三进院落，中进厅房内有一组反映丁汝昌主持一次军事会议的蜡像群，栩栩如生。近前更见大门楼下三门并列，左右两门各绘有唐代名将秦叔宝和尉迟敬德的画像，中门上横一匾额，上题“海军公所”四字，笔力雄浑，苍劲有力。最让我流连的是廊沿上陈列的原北洋海军舰体，看着这残肢断骸的舰艇，忆起当年北洋水师在此宣告成立，威严的海军公署、威武的舰船编队、威猛的海军将士、威风的红衣大袍……追忆历史烟云，实在令人感慨万千。

“此目漫挥天下泪，有公定壮海军威。”我站在邓世昌高大的铜像前凝神仰看，他身穿披风，表情深沉，身侧斜挂一把威严的带鞘的宝剑，双手紧握一个长长的望远镜隔海远眺。历史画卷仿佛又重现眼前：海面上硝烟弥漫，炮声隆隆，北洋水师广大爱国官兵正奋勇作战。致远舰为撞击敌舰不幸中敌鱼雷，管带邓世昌与全舰250名将士壮烈殉国；定远、镇远舰力挽危局，命中敌舰，其余日舰仓皇遁逃……遥望良久，心潮起伏。耳畔仿佛能听到邓世昌常对士兵们说的那句“人谁无死？但愿我们死得其所，死得值！”任重道远的他，将儿女私情抛于脑后，将个人生死置之度外，为国家鞠躬尽瘁死而后已。脚下的波涛时而汹涌时而平静，唯一不变的，是他那颗赤胆忠心，在暗无天日的时代里熠熠生辉。

在邓世昌的身后是中国甲午战争博物馆。展厅里陈列着甲午海战中英勇抗击倭寇的英雄蜡像和1000多幅珍贵的历史图片，还有300多件从海底打捞上来的战争遗物。在这里，我真切地感受到北洋水师从建立到失败的悲壮历程，感受到那场战争的残酷与激烈，也看到了清朝政府卑躬屈膝的丑恶嘴脸。

天色渐晚，海风瑟瑟。游览而归，内心却难以平静。站在渡船之上，闭目还景，想起甲午战争博物馆里的一警语："历史是最好的教科书，也是最好的清醒剂。"它用惨烈的事实警示着后人：前事不忘，后事之师。展示历史的悲剧，接受历史的教训，让人面对一种鲜血淋漓的疼痛与残酷，同时也会给人一种痛定思痛的反思。正所谓："只有擦清历史的镜子，才能走好未来的路。"历史的种种不堪与屈辱在令人发指的同时也鞭策着我们奋力前行，开辟更加光明的未来。

2018年，于国于我来说都是纪念意义重大的一年。到这一年，从党的十九大到全国的"两会"，都凝聚着亿万人民的意志，梦想与道路在又一个历史起点上交汇，党心与民心在又一个时代坐标中交融；到这一年，改革开放已有40个年头，中国经过了具有划时代意义的巨大跨越，如今的中国早已翻天覆地，日新月异；也是到这一年的今天，我才深知祖国化腐朽为神奇的不易。

作为当代大学生的我们，应该拥有自我的承担，要有对自己的职业的承担，要有对国家、民族、社会、人类的承担。拥有家国情怀，铭记历史，以史为鉴，在学习中反思，在反思中成长。不能因为在一个生来和平的年代，没有亲身经受过欺辱坎坷与磨难，就忘记了历史的悲剧，逃避肩上的责任。几日前，读到一篇北大教授写的名为《大学里绝对精致的利己主义者》的文章后，不禁感叹：身为一名青年，失去家国情怀，成为绝对的、精致的利己主义者于己是最可悲的，于社会、国家则是最可怕的。倘若越来越多的学生变得"现实"，他们不相信规则能战胜潜规则，不相信风骨胜于媚骨。倘若追求级别的越来越多而追求真理的越来越少，讲待遇的越来越多而讲理想的越来越少，关心私利的越来越多而关心国家的越来越少，谁人又能完全保证悲剧的历史不再重演？

我不禁想起登岛时掷地有声的誓词："铭记甲午国耻，秉承先烈遗志，担负历史使命。"故今日之责任，不在他人而全在我少年。少年有梦则祖国有梦，少年努力则国家富强。今之中国固然强，但今日之中国少年唯有更强。身为一名山大学子，应在美好的大学生活中大展宏图，展现新时代青年的风采，时刻不忘实现中华民族伟大复兴的中国梦并为之奋斗。牢记母校“学无止境，气有浩然”的校训，更要努力学好专业知识，发挥艺术学院的专业特色，结合自身优势，用画笔、用设计、用建筑、用音乐、用舞蹈，用脚踏实地的行动铸就下一个辉煌！

春风又绿神州，华夏再沐朝阳，今天黄海“涛声依旧”，刘公岛却早已洗刷了历史的耻辱，换了天地。但是，刘公岛近代历史遗迹依然警示着、告诫着我们：一定要铭记历史，不忘初心，砥砺前行！

刘公岛，一个想去必须去的地方。

刘公岛，不只是一个岛！

（二）课堂实践教学

为了增强思想政治理论课课程教学的吸引力、感染力和说服力，提高课程的实效性，高校思想政治理论课课堂实践教学必须紧跟时代步伐，满足社会和学生需求，重视问题，探索对策。课堂实践教学作为高校思想政治理论课教学方法的探索和改革，打破了“满堂灌”的传统教学模式，调动了教师“教”和学生“学”的双重积极性，增强了课程的有效性和活力。

1. 高校思想政治理论课课堂实践教学的功能

思想政治理论课作为传授马克思主义理论、帮助学生认识和改造世界的核心课程，对学生树立正确价值观，提高思想道德、政治和法律素养具有不可替代的实践作用。课堂实践教学作为课堂教学的主要组成部分，是在遵循教学认知规律和学生成长规律的基础上，坚持问题导向，以促进理论的内化为旨要、以学生自主学习为途径的课堂实践活动，目的在于培养学生运用马克思主义方法论认识和解决问题的能力，提高学生独立思考、语言表达、创新思维能力以及组织能力和团队协作能力。目前，高校思想政治理论课课堂实践主要包括两种：教师引导式和学生自我体验式。教师引导式倾向于以“教”的实践性带动“学”的实践性。具体做法是教师在课堂授课过程中，采用案例分析、时事政治讨论、重要人物解析、设置情境、故事讲解、视频播放、课堂答疑等方式，引导学生关注社会热点焦点问题，并运用理论知识认识和解决现实生活中的问题。学生自我体验式更注重“学”的实践性，教师作为指导者将课堂、讲台交与学生，由学生根据教师给出的实践内容范围，自行拟定主题，由学生个人、学习小组自编自导自演的课堂实践活动。实践形式包括演讲、诗词朗诵、案例分析、情景表演、电台播报等等，多种形式登台实践，活跃了课堂气氛，提高了学生抬头率和参与度。作为新兴教学模式，高校思想政治理论课课堂实践教学具有以下功能：

第一，凸人本，激主体活力。以人为本是教育的基本的价值取向，尊重人、关怀人，关注个体的发展，注重对人的知识的丰富和人格健全的全面素质的培养和提升是教育的终极目标和旨归。高校思想政治理论课肩负着培养社会主义合格建设者和接班人的使命，不仅要培养学生具有正确的世界观、人生观和价值观，还要培养学生掌握知识并进行知识转化的能力。高校思想政治理论课课堂实践教学正是促进学生进行知识转化、能力培养、素质提高的重要实践手段和方式。课堂实践教学的运用，是对学生主体性的尊重和对其活力的激发，其以贴近学生生活、注重理论掌握和运用为要旨，以提高学生综合素质为要务，有利于调动学生学习的积极性、主体性，让学生在相对宽松、活跃的氛围中主动学习，培养学生的实践能力和创新能力，并对社会形成理性看法，对理论知识进行应用和升华。

第二，重实效，推手段创新。随着经济的发展和科技的日益进步，信息获取的途径越来越广泛，加之网络技术、传播媒介的快速发展，“互联网＋”时代的开启，人们的生活方式、交往方式、思维模式都发生了变化，人们处于与网络互联互融的态势，并且已经成为新常态。当代大学生作为网络时代的体验者和拥护者,他们善于接受新生事物,求变、求新已成为其思维标志,其获取信息和知识的渠道更加多元,学校已不再是其信息来源的唯一途径。因此,思想政治理论课一味地固守传统教学模式,就会出现“教”和“学”的“两张皮”现象,教师“滔滔不绝”,而学生却“身在曹营心在汉”。课堂实践教学通过案例分析、视频播放、时事热点讨论以及学生亲身体验实践等形式,用活的理论、活的案例、活的方法让思想政治理论课活起来,强化与学生的互动,更加贴近学生生活、关注社会焦点,可谓是“上达理论,下接地气”。

第三,强体验,助理论内化。思想政治理论课理论知识的传授,最终是要达到内化于心、外化于行的目的。缺乏实践体验的支撑,会阻碍学生对知识的透彻理解和掌握。教学过程中理论与实践的脱节,也会导致学生“知”“行”分离,“情”“理”分歧。思想政治理论课课堂实践教学,通过各种表现形式,创设各种理论与实践相结合的情景和氛围,将社会和生活融入课堂,让学生在切身体验、主动参与中体会到理论的正确性、深刻性,并运用理论分析问题、解决问题,将理论内化为改造客观世界的方法论,同时将理论内化为自身的德性,形成良好的思想品德,外化为德行,做善事,行善举。

第四,重情感,促关系和谐。目前,思想政治理论课大班授课方式依然存在,学生众多,座位不固定,教师很难兼顾到每个学生所思所行,而学生在偌大的课堂也会缺乏归属感和被关注感。久而久之,教师与学生之间会产生疏离感,不利于师生情感交融。课堂实践教学通过课堂师生互动和学生分组实践,教师能够通过面对面、QQ、微信、E-mail 等手段在对实践进行组织和指导中掌握学生所思所想,通过课堂讨论、登台展示对学生各方面素质有更为深刻的了解,并在教师点评环节中及时、有效地肯定学生的积极言行,引导、纠偏消极或错误的观点。学生通过课堂实践能够提高参与感、获得感,能够感知教师对于其的关注和尊重,同时也能体会到教师的敬业和人格魅力,更能理解教师的言行和良苦用心,从而拉近师生距离，消除不被关注而产生的隔阂，建立良好的师生关系，促进师生间平等、有效的交流和互动。

第五，彰协同，促教学相长。教学是双向互补的过程，是不断促进自身提高的过程。如果一味地坚持传统的“教”的中心，则会忽视教学的互动，双向促进亦会变为单项灌输，教学效果必定差强人意。思想政治理论课教学是价值观培育、道德品行修养的教育，更需要双向互动才能将教学内容内化于心，外化于行。课堂实践教学，通过师生间、生生间的交流，可以促进情感交流、知识交融、心灵碰撞。无论是课堂互动还是学生自组织体验，对于教与学都是一次互相启发、互相补充、共同进步的过程。对于教师而言，课堂与学生的交流，或是对学生实践的指导和点评，都可以从中汲取不同的认知、范例和哲理，也有利于了解和掌握学生的心理和思想，以便更好地教学；对于学生而言，课堂主动、积极的参与以及课下积极的准备、筹划，都是在教师引导下获取知识、掌握、加工和创新的过程，是学生学习主动性、能动性发挥的过程，是不断提高自身综合素质的过程。思想政治理论课课堂实践教学体现了教与学的协同发展，促进了师生共同发展。

2.高校思想政治理论课课堂实践教学的问题及现实反思

2004年《中共中央、国务院关于进一步加强和改进大学生思想政治教育的意见》下发后，尤其是近年来，高校思想政治理论课课堂实践教学成效显著，调动了大学生学习思想政治理论课的积极性、主动性、可受性，加强了学生的参与度、关注度，增强了课堂教学的吸引力、亲和力、说服力和感染力，提高了课堂活力、到课率、抬头率、体验率，提高了思想政治理论课的实效性。此环节有利于促进学生将理论知识和思想政治教育内容内化于心、外化于行，形成正确的世界观、人生观、价值观、道德观，强化国家意识、法制意识和社会责任意识。但在课堂实践教学运行中也存在着一些问题。具体如下：

第一，观念滞后，投入不足。高校思想政治理论课具有鲜明的思想性、理论性和政治性，概念理论抽象，需要教师在教学过程中将理论与学生生活和社会焦点相结合，并与之充分交流，加强课堂互动，产生共鸣。然而有的教师认为实践教学就是课外实践，思想政治理论课课堂教学即是理论教学，加之其对学生课堂主体性认知不足，所以仍在教学中一味地强调概念、理论灌输，脱离学生生活实际，唱独角戏，缺乏与学生的互动。有的教师虽然开展了一些案例分析、课堂讨论的环节，但缺乏明确的定位和系统的规划。有的教师认为实践教学费时费力，会冲淡理论教学，因此排斥实践教学，要么“一言堂”，要么走过场，有名无实。由于观念滞后，致使相关单位和教师在课堂实践教学中缺乏投入，教学计划中缺失实践环节的筹划和组织，即使进行了实践教学，也具有随意性和形式化，教师要么全程控制，要么“大撒把”。因此，观念滞后和投入不足使思想政治理论课课堂教学效果发挥不足，在一定程度上弱化了其应有的作用。

第二，内容偏离，靶向性弱。在思想政治理论课课堂实践教学中，教师和学生都要结合思想政治理论课教学范围自行选择主题和内容，教师和学生都有很大的自主性。受观念滞后、重视程度弱以及自身关注偏好的限制，有的教师选取的内容往往脱离学生生活实际，社会关注度不高，缺乏应用理论指导实践的设计，难以引起学生的关注、参与和共鸣，难以激发学生学习的兴趣和积极性。而在学生自我体验式中，学生从自身的情感和偏好出发，绝大多数会选择他们比较关心和关注的国家大事、社会热点、焦点问题作为实践的主题和内容，能够更好贴合学生思想和生活，有助于学生接受、加深对教学中理论的理解。但学生自我体验式较容易出现选题和内容偏离理论的问题。高校思想政治理论课每门课程都有逻辑性很强的章节或是专题安排，每个章节或专题都有理论知识点，学生自我体验式要求学生在课堂实践中的选题及内容与相关的章节或专题相吻合。但在实践中，有的小组的选题和内容缺乏与相关理论的紧密结合，这在一定程度上偏离了课堂实践的本意。

第三，模式僵化，灵活性差。目前，思想政治理论课课堂实践教学多采用课堂讨论、案例分析、视频播放的形式，以加深学生对于相关理论的理解、把握和运用。诚然，这对于调动学生学习主体性、加强理论理解、加深价值观渗透较比有效。但如若教师惯于如此，不注重形式的创新和内容的更新，甚至出现万能主题、案例、视频等，那么，课堂实践模式也会随之变得僵化，缺少灵活性和创新性，学生的积极性和兴奋点也会在僵化的模式中消磨殆尽，"教学实践"也就成为了单纯"教"的实践，而缺少"学"的实践。在学生自我体验模式中，鼓励学生尝试和采取演讲、辩论、朗诵、嘉宾访谈、对话、情景剧等多种多样的不同形式，以活跃气氛，收到更好的效果。因此，只有紧紧围绕学生所见所闻所想所感，才能引起学生共鸣。演讲和情景剧作为学生喜闻乐见的方式，在提高学生抬头率、参与度方面取得了很好的成效，但也存在实践形式化、随意化，缺乏深入的思考，模式僵化、内容空泛的问题。

第四，介体单一，拓展不利。"三微一端"的普及，使人类进入自媒体时代。而大多数高校思想政治理论课教师课堂实践教学依旧沿用传统的单一介体——无网络的电脑来进行实践教学，许多教师对于借助手机微信端、电脑微博端、微视频端进行课堂实践还是持排斥的态度。然而学生——作为互联网时代的原住民，其对信息更新的掌握可谓随时随地。当教师还在课堂绘声绘色地描述相关案例或人物时，学生早已在手机搜寻了解，如果教师只是简单重复相关事实，那将难以吸引学生的注意力，难以引起学生的关注，激发其探究力和求知欲。有些教师抱怨学生都是"低头族"，甚至采取"防""堵"的措施，"抬头率"虽暂有提高，但维持的时间并不长久，因为"防""堵"并没有从根本上解决其学习主体性缺乏的问题。既然学生的注意力在手机，那么教师可以充分拓展实践介体，将微信、公众号、新闻客户端等作为课堂教学的媒介，设计相关问题鼓励学生去搜寻相关信息，同时教师做好解读、引导的工作。

第五，机制不全，措施缺位。思想政治理论课课堂实践教学是通过在课堂构建社会实践情景，促进学生理论联系实际，调动学生学习能动性的教学环节，其与理论教学互相促进，是思想政治理论课的重要组成部分。但是有些高校的相关管理部门，并未认识到课堂实践的重要性，只是单纯地将社会实践作为实践教学的重要内容，忽略课堂实践教学的整体设计与机制完善，忽视思想政治理论课教师课堂实践研究、实践教学能力和素养的提升，缺乏相关的校内校外实践培训，教师实践教学平台的建设滞后，人员、资金和设备支持都不到位，保障体系未建立起来。部分思想政治理论课所管辖和组织的院系，课堂实践教学缺乏完善的准备、设计、组织、考核等规范体系，课堂实践教学过程随意、任性，课程实践环节评价指标考核缺乏针对性、客观性。

3.高校思想政治理论课课堂实践教学的改进策略

思想政治理论课课堂实践教学，是对传统的以教师讲授为主的课堂教学模式的改革和创新，这一教学环节促进了理论知识与实践的结合，运用多种形式激发学生的学习兴趣，促进学生学习的主体性、参与性、主动性与积极性，尤其学生课堂自我体验式更在一定程度上培养和锻炼了学生的实践能力、组织能力、表达能力、协作能力，开发了创新思维，学生在课堂的主体性地位更加凸显。因此，高校思想政治理论课课堂实践教学必须紧跟时代步伐，不断创新，才能真正提高其针对性和实效性。

第一，强化认同，增强责任感。首先，明道信道，强化认同。教育离不开教师，无论是哪种教学模式哪个教学环节，都需要教师合理而有效的引导与指导。教师是课堂实践能够坚持正确价值导向的关键因素。作为学生自我实践的引导者——教师，首先要明道信道，强化认同。高校思想政治理论课教师既要在真学、真信、真懂、真用上下苦功，更要加强对中国特色社会主义和党的领导的自觉认同，信仰并努力践行社会主义核心价值观，不断增强道路自信、理论自信、制度自信和文化自信。同时，要加大情感投入，从心里认可并担负起思想政治教育工作的责任，以饱满的精神和高度的自信承担起立德树人的历史使命。面对课堂上出现的各类问题，思想政治理论课教师既不能回避，也不能逃避，必须要立场坚定、旗帜鲜明，运用正确而恰当的观点和方法解析问题，及时纠正学生错误认识和行为偏差，引导学生理性、科学地看待问题，帮助学生更好地认识、理解改革发展中出现的问题。其次，明确使命，提高素养。“思想政治教育的本质和归宿是价值观的教育”①，思想政治理论课是思想政治教育的主阵地、主渠道，思想政治理论课教师要担负起引导学生树立正确价值观的责任，牢记使命，努力促进学生树立正确的世界观、人生观、价值观、道德观和法治观。教师对于课堂登台实践的引导和指导是其综合能力的展现，为了更好地发挥在课堂实践中的主导作用，思想政治理论课教师要不断提升自身道德素养，做社会主义道德的践行者、学生品德的引导者，还要努力钻研和提升马克思主义和中国特色社会主义理论水平，不断强化文化素养，并关注国内外出现的新形势、新态势、新动向，更要多角度、多渠道、多方位地了解学生，掌握其思想、心理动态，摸准其关注点和兴奋点，只有这样，教师的教育引导才能贴近学生，融入生活，满足需求，落到实处。

第二，精选内容，增强针对性。习近平指出，做好高校思想政治工作，要因时而化、因时而进、因势而新，要用好课堂教学这个主渠道，思想政治理论课要坚持在改进中加强，提升思想政治教育亲和力和针对性，满足学生成长发展需求和期待。思想政治理论课课堂实践教学内容设计及实践，要以满足学生个体需求为导向，以增强思想政治理论课课堂实践的针对性为旨要，做到精准、有效、贴切。首先，以服务大局为核。马克思主义是党的根本指导思想，是全党全国人民团结奋斗的共同思想基础。高等学校思想政治理论课作为对学生进行系统的马克思主义理论教育的主阵地，担负着为党和国家建设事业培养合格建设者和接班人的历史重任。因此，思想政治理论课课堂实践教学内容必须以国家培养

① 郝书翠：《高校思想政治理论课实践教学中教师点评的作用及运用技巧》，载《思想理论教育导刊》2016年第8期。

人才的宏观要求为基本出发点，选取与马克思主义理论、毛泽东思想、中国特色社会主义理论体系、党和国家的相关方针政策、德治与法治等理论知识紧密联系的主题和内容。其次，关注社会为要。理论的魅力在于指导实践。因此，思想政治理论课课堂实践的内容要紧紧围绕社会，关注社会焦点热点，用马克思主义和中国特色社会主义理论体系帮助学生拨开迷雾和表象，探究到其本质，解决疑惑。再次，贴近学生为本。思想政治理论课作为帮助学生解决成长中遇到的各种问题，树立正确的价值体系、信仰体系的系统课程，只有贴近学生，充分了解学生成长成才过程中存在的困惑、忧愁、疑问和迷茫，围绕学生关心、关注的实际问题，选取课堂实践内容，才能为其答疑解惑，助其成长成才，进而提高课堂实践的吸引力和亲和力。

第三，创新形式，体现有效性。形式是内容的载体，不同的教学内容需要相应的形式来表达。目前，思想政治理论课课堂实践表现形式以案例分析、视频播放、情景创设、学生演讲为主，为了避免实践模式僵化、教师学生倦怠，课堂实践应以问题为导向，不断优化创新。首先，盘活既有模式。演讲、情景剧等常规课堂实践模式已取得一定成效，但作为既存模式，其随意化、娱乐化、空泛化等问题也不容小觑。因此，课堂教学实践需要打破格式化的既定模式，突出双主体的作用，在提高教师指导能力的基础上，充分调动学生的积极性，主动参与到课堂实践教学主题、内容、形式等方面的设计、规划与研发中，不断创新，以确保实践过程的实效性。其次，探索新兴模式。微课程、微视频、微电影的广泛流行，为高校思想政治理论课实践教学注入了新的活力，高校思想政治理论课实践教学只有选取“新配方”，采取“新工艺”，才能更符合“新新人类”的口味。因此，高校要加大投入，为师生共同创作“现象级”微产品打造新平台，以弥补课堂教学的不足，拓展教育引领的新途径。再次，推出融合模式。再好的课堂实践形式，如果长时间地单一使用，也很难持久地激发学生的兴趣。所以，根据教学内容和实践要求，可以整合多种形式，让实践活起来、动起来,不断提高课堂实践教学的有效性。可以探索"传统+情景模式(微课、翻转课堂等)"整合形式,另外鼓励实践小组探索"线下课堂实践+微实践(微信、微视频、微公益等)"形式,积极组织学生观众和相关教师、专家的多形式、多角度互动,也有利于提高课堂实践的抬头率、点头率、发言率、思考率,强化课堂教学效果。

第四,拓展介体,彰显灵动性。习近平指出:坚持新媒体与传统媒体的融合、互补,强化互联网思维。[①] 中国互联网络信息中心(CNNIC)发布的《中国互联网络发展状况统计报告》显示,我国网民规模逐渐扩大,手机网民规模更是与日俱增,网民中使用手机上网的人群占比提升至95%以上,网民中学生群体占比最大,10～29岁的网民占整体网民的一半以上。由此可见,互联网已经成为民众尤其是学生群体生活的重要组成部分。面对新形势、新业态、新要求,思想政治理论课教师应更新理念,积极拓展教育教学介体,充分利用新媒体为课堂实践教学提供新技术、新环境。首先,在教师课堂引导式课堂教学中,教师可以要求学生在课堂即时搜寻指定或相关案例、信息、新闻、资讯,以此为基础展开课堂O2O时事大讨论、真理大探究、善恶大辩论,利用课堂和手机相关公众交流平台发表自己的见解。这一做法有利于促进学生从纷繁复杂的网络信息中辨清善恶美丑,探究现象实质,引导学生提高思辨能力,不断养成符合社会主流意识的政治觉悟、价值观念、道德修养和行为习惯。其次,在学生课堂自我体验式教学环节中,可以采用QQ群、微信群、微信公众号等媒介及时对当前进行的课堂实践进行思想的表达和意见建议的发表。教师和学生可以把相关的教学内容、时事焦点热点、学生自编自演情景剧等制成电子图片、图表、视频、音频,在课堂上展示,观众可以采取"线上弹幕+线下点评"的形式表达看法,既可以对课堂实践过程进行即时关注、参与,也可以很好地完成结果的总结、评价,有助于师生总结经验,

---

① 参见陈慧女:《新媒体环境下高校思想政治理论课教学网络阵地拓展探析》,载《思想理论教育导刊》2014年第11期。

改进实践。

第五，健全机制，激发主动性。首先，健全机制，保障有力。高校要充分认识到课堂实践教学的重要性和积极作用，健全实践导向机制，重视教师实践能力和素质的培训，完善教师实践培养机制，有计划地安排教师参加社会实践和校外挂职，通过培训、访学、教学比赛等方式提高教师实践教学能力。鼓励思想政治理论课教师积极主动申报“思想政治理论课实践”相关项目，并给予专项资助，对于优秀实践研究成果给予表彰和奖励。高校管理部门尤其要在保障上做好工作，大力支持课堂实践，制定实践教学计划，统筹思想政治理论课各门课程的实践教学，落实指导教师和专项经费，做好人力、物力和财力的保障。同时，要选聘高水平专家担任特聘教授，统筹好地方党政领导干部、企事业单位负责人、社科理论界专家、各行业先进模范以及高校党委书记和校长、院（系）党政负责人、名师大家等队伍进思想政治理论课堂做嘉宾、顾问，并使之制度化，努力激发广大师生教与学的主动性和创新性。其次，强化评价考核。以学生获得感为评价导向，以“有虚有实，有棱有角，有情有义，有滋有味”为根本标准，以学生评教制度为基，结合教学督导制度和同行教师听课互评制度，形成课堂实践教学综合评价机制，同时探索实行思想政治理论课教师课堂教学退出机制。对学生的考核主要由任课教师来完成。在课堂教师引导实践教学环节中，教师要着重考查学生的参与情况、思维导向、思考方式并及时做好记录，作为平时成绩的依据。在学生课堂自我体验环节中，教师要将对学生实践全过程、全方位的考评作为主要着力点，坚持学生自评与他评相结合，关注学生在课堂内外的各种表现，考核评价要适当调整评价比例，不断修正和完善评价标准体系，严格遵守评价标准，最大限度地保证评价合理、可受，这也有助于课堂实践教学的规范性和可持续发展。思想政治教育是一种信仰教育、价值教育、道德教育，贯穿于思想政治理论课过程始终，加强学生养成教育的平时过程考核有助于将学生的关注点转到平时课堂的学习和素质的提高以及能力的培养上来。因此，要加大实践教学在思想政治理论课考核中的比重，将课堂师生互动、生生互动、课堂演绎大比重地计入平时成绩，并加大平时成绩在总成绩中的权重。

六、高校思想政治理论课话语模式构建

高校思想政治理论课话语模式围绕“习式为范，时代为据”进行构建。

《中外文化知识词典》中是这样解释“语言”的：“人类最重要的交际工具。它同思维有密切的联系，是思维的工具，是思想的直接显示，是人区别于其他动物的本质特征之一。语言是以语音为物质外壳、以词汇为建筑材料、以语法为结构规律而构成的体系。语言是一种特殊的社会现象，它随着社会的产生而产生、发展而发展，一视同仁地为社会各阶级服务；当然，阶级性也影响到语言，利用它来为自己的利益服务。所以语言又是社会斗争和发展的工具。”①《新华词典》中，“语言”解释1：“人类所特有的用来表达意思、交流思想的工具，是一种特殊的社会现象，由语音、词汇和语法构成一定的系统。”还有一种解释，即是“话语”。②

语言，作为人与人沟通的介质，直接影响着人类意思的表达。语言使用得恰当、准确，有利于清楚明白地表达语言者的思想和观点。高校思想政治理论课话语表达方式深深影响着思想政治理论课的效果。在问卷调查中，学生认为思想政治理论课枯燥乏味，理论脱离实际，缺少幽默感，一方面是由于教学内容设计和方法使用与学生实际缺少契合度，另一方面也在于思想政治理论课教师话语过于习惯使用政治口号、宣传话语或者以真理、理论的权威自居造成的学生入耳难、入心更难的排斥

① 何新主编：《中外文化知识辞典》，黑龙江人民出版社1989年版，第54页。
② 商务印书馆辞书研究中心：《新华字典》，商务印书馆2015年版，第1665页。

感。高校思想政治理论课进行的是思想政治教育，必然带有政治性、思想性和宣传性，但教师需要将这种教育以学生易于接受和喜闻乐见的话语表达出来，而不是简单地喊口号、读政策，也不是高高在上的真理的权威者，要讲究说话的艺术、力度和态度。抽象空洞的语言内容、平淡无奇的语言方式会大大削减语言的力量，加之深厚话语底蕴的缺乏，真理讲不清，道理讲不透，故事讲不好，会严重影响思想政治理论课话语和教学内容的吸引力、影响力和感染力，给学生留下思想政治理论课“空泛，讲大道理”(55.97%)、“背诵”(45.28%)、“脱离实际”(37.11%)的不良印象，从而影响思想政治教育的实效性，造成根本任务完成和目标实现出现困难。

另外，“教”与“学”是两个平等的主体，教师应以平等的理念与学生交流，做学生的“知心人”。党的十八大以来习近平总书记发表的系列重要讲话，语言独具特色，“平易近人”，形成了“习式风格”。习近平总书记的话语，老少皆宜，中外皆通，大众皆懂。这一特点也使得具有科学性、真理性、实践性、时代性、民族性的习近平新时代中国特色社会主义思想更易被理解、传播和内化实践。

讲大众话、大白话，深入浅出，释疑解惑。习近平总书记讲道：“群众的思想最鲜活、语言最生动。深入群众，就来到了智慧的大课堂、语言的大课堂，我们的文件、讲话、文章就可以有的放矢，体现群众意愿，让群众愿意看、看得懂，愿意听、听得进。”①在习近平的讲话中，他经常使用大众话和大白话来表达他的想法，他也经常使用形象比喻、俗文俚语来阐明深刻的理论。他的讲话言简意赅，简洁的话语中蕴含着深刻的理论和道理，可谓是深入浅出。2012 年 11 月 29 日，习近平在参观国家博物馆《复兴之路》展览时讲到了“中国梦”：“每个人都有理想和追求，都有自己的梦想。现在，大家都在讨论中国梦，我以为，实现中华民族的伟大复兴，就是中华民族近代以来最伟大的梦想。这个梦想，凝聚了几代人的夙

① 习近平：《努力克服不良文风　积极倡导优良文风》，载《求是》2010 年第 10 期。

愿,体现了中华民族和中国人民的整体利益,是每一个中华儿女的共同期盼。"[①]此后,他又在国内外很多场合对"中国梦"进行了阐释。这是习近平总书记对于中国特色社会主义共同理想,也即社会理想的高度概括。街头巷尾,从报纸、电视到QQ、微博,"中国梦"成为热词,进入热搜榜,习近平总书记用这种高度概括而又最通俗易懂的方式让老百姓知道了共产党人的社会理想和历史使命。2013年3月23日,习近平在莫斯科国际关系学院演讲时指出:"'鞋子合不合脚,自己穿了才知道。'一个国家的发展道路合不合适,只有这个国家的人民才最有发言权。"[②]2014年7月16日,习近平在巴西国会演讲时指出:"我说过,鞋子合不合脚,只有穿的人才知道。我听说,巴西也有这样的谚语。说明这是一个众人皆知的常识。世界上没有包治百病的灵丹妙药,也没有放之四海而皆准的发展模式。我们应该继续坚定支持对方走符合自身国情的发展道路。"[③]"鞋子合不合脚,自己穿了才知道",这是一句俗语,是群众从实际生活中总结出来的鞋子与脚的关系的经验。鞋子大了,穿在脚上摇摇晃晃,不能很好地走路;鞋子小了挤脚,更影响走路,而且还会将脚挤伤,不是顶脚指头就是磨脚跟,脚受伤了更是没办法走路。群众都知道这个道理。习近平总书记在国际场合多次用到此俗语俚语,就是要向世界宣告,中国特色社会主义道路是中国人民走出来的发展之路,是中国人民自己选择的道路,这条道路合不合适只有中国人民才有发言权,这是习近平总书记坚定道路自信、理论自信和制度自信的重要体现。别人有选择鞋子的权利,我们不去干涉和评价,我们的鞋子也不希望别人妄自评判,中国人民要穿着合适的鞋子按照我们的发展路线和时间表,坚定地走好自己

---

① 中共中央宣传部:《习近平总书记系列重要讲话读本》,学习出版社、人民出版社2016年版,第5页。

② 习近平:《在俄罗斯莫斯科国际关系学院的演讲》,2013年3月23日,人民网,http://politics.people.com.cn/BIG5/n/2013/1001/c1024-23094323.html。

③ 《习近平在巴西国会发表重要演讲》,2014年7月18日,人民网,http://politics.people.com.cn/n/2014/0718/c1024-25296432.html。

的道路。2012 年 11 月 15 日，习近平在十八届中共中央政治局常委同中外记者见面会上讲到："我们的人民热爱生活，期盼有更好的教育、更稳定的工作、更满意的收入、更可靠的社会保障、更高水平的医疗卫生服务、更舒适的居住条件、更优美的环境，期盼着孩子们能成长得更好、工作得更好、生活得更好。人民对美好生活的向往，就是我们的奋斗目标。人世间的一切幸福都是要靠辛勤的劳动来创造的。"①习近平总书记没有喊口号而是用最平实的语言，准确地道出了群众的心声，概括出了民众最关心的民生问题。2013 年 12 月 23～24 日，习近平总书记在中央农村工作会议上指出："小康不小康，关键看老乡。"②2015 年 2 月 13 日，习近平到延安调研时也讲："我们实现第一个百年奋斗目标、全面建成小康社会，没有老区的全面小康，特别是没有老区贫困人口脱贫致富，那是不完整的。这就是我常说的'小康不小康，关键看老乡'的含义。"③习近平总书记多次提到农业农村农民与全面实现小康社会的关系，可见总书记对于社会主义本质——实现共同富裕的思想的贯彻和落实的重视。农民收入能否快速增长，关系到亿万农民能否同步迈入小康，关系到全面小康的质量。中国 13 亿人口，9 亿多是农民，只有农民富裕了，中国才能富强。习近平总书记用押韵、朗朗上口的俚语指出了全面建成小康社会的关键和重难点。

习近平总书记还善于运用比喻的修辞来阐释问题。比如，在讲到对党员干部进行群众路线教育时，提到要"照镜子、正衣冠、洗洗澡、治治病"，针对理想信仰缺失的危害时，用"缺钙"和"软骨病"进行描述；在讲

---

① 习近平：《在十八届中央政治局常委同中外记者见面时的讲话》，载《人民日报》2012 年 11 月 16 日。

② 《中央农村工作会议在京举行　习近平李克强作重要讲话》，2013 年 12 月 25 日，中国网，http://www.china.com.cn/v/original/2013-12/25/content_30993167.htm。

③ 《把革命老区发展时刻放在心上——习近平总书记主持召开陕甘宁革命老区脱贫致富座谈会侧记》，2015 年 2 月 16 日，新华网，http://www.xinhuanet.com/politics/2015-02/16/c_1114394473.htm。

查处不正之风和腐败问题时，说要“打老虎”“拍苍蝇”；在论述转变工作作风时，提到要有“钉钉子”精神。在十九大报告中，习近平总书记在阐述巩固和发展爱国统一战线时讲到：“牢筑中华民族共同体意识，促进各民族像石榴籽一样紧紧抱在一起，共同团结奋斗、共同繁荣发展。”①

高校思想政治理论课有时不受学生欢迎，一定程度上是教师教学话语不接地气，脱离学生。高校思想政治理论课教师若想讲好课程，引起学生关注，就要首先关注他们，关注他们的思想，关心他们的成长，了解其喜欢的话语方式，并且对于不同的学科和专业有不同的授课话语风格，对其成长中遇到的各种现实问题进行价值引导和提供理论解决实践问题的探索帮助，用平实的话语、简洁的话语、通俗的话语展现马克思主义真理和灵魂，让学生能够入耳、听懂。

举实例讲故事，是习近平总书记讲话常用的方法。人民出版社还专门出版了名为《习近平讲故事》的书籍，收入了 109 则故事，有廉政故事（例如“四知”拒金、民之脂膏、霸王别姬、二世而亡、亡国之音）、品格故事（半条棉被、老师们的人间大爱、信仰的力量等）、励志故事（中国科技为什么落伍、英雄出少年等）、治理故事（国产手机逆袭、中国奇迹、木桶理论等），这是对内篇。对外篇有人民友好故事（“伟大的兄弟”、不忘马克林教授、有颗中国心的巴西人等）、国家交往故事（小平纪念碑、“巴铁”到底有多铁、牛顿力学、友谊铸就的坦赞铁路等）、文化通融故事（新加坡大学生看中国、泰戈尔的中国故乡、冼星海大道等）、历史情感故事（新加坡的郑和宝船、中美的“友好往事”、照亮黑暗的人道之光等）、亲历的故事（不变的“初心”、梁家河的变化、APEC 蓝等）。习近平总书记通过讲故事的方式表达了深刻的道理，让人们体会故事背后蕴含的改革、发展、外交、修身之道。2014 年 5 月 4 日，习近平总书记在北京大学师生座谈会上给广大师生讲了社会主义核心价值观的相关问题，他用扣好第一个扣

① 中央文献研究室编：《中国共产党第十九次全国代表大会文件汇编》，人民出版社 2017 年版，第 32 页。

子的道理来形象地比喻青年价值观的重要性:“因为青年的价值取向决定了未来整个社会的价值取向,而青年又处在价值观形成和确立的时期,抓好这一时期的价值观养成十分重要。这就像穿衣服扣扣子一样,如果第一粒扣子扣错了,剩余的扣子都会扣错。人生的扣子从一开始就要扣好。‘凿井者,起于三寸之坎,以就万仞之深。’青年要从现在做起、从自己做起,使社会主义核心价值观成为自己的基本遵循,并身体力行大力将其推广到全社会去。”①事实胜于雄辩,总书记用实例的比喻,让道理不言而喻、不言自明。

高校思想政治理论课教师要学习习近平总书记的习式讲故事举实例风格,用摆事实讲故事的方法将思想政治教育中的理论、知识和道理带着温度、以生动鲜活的实例讲出来,讲清真理、讲透道理、讲好故事,让思想政治理论课不仅入耳,而且入心入脑,增强思想政治理论课的感染力和凝聚力。

引经据典是习近平总书记讲话语言风格的一大突出特点。中华文化博大精深,创作了诗经、楚辞、汉赋、唐诗、宋词、元曲、明清小说等伟大的文艺作品,成语谚语也丰富多彩。在参观《复兴之路》展览时,习近平总书记认为,此展览“回顾了中华民族的昨天,展示了中华民族的今天,宣示了中华民族的明天,生动诠释了近代多年来中国人民寻梦、追梦、圆梦的历史进程”②。习近平总书记引用了三句诗来描述中华民族的这段历史,用“雄关漫道真如铁”“人间正道是沧桑”“长风破浪会有时”来叙述中华民族的昨天、今天、明天,这种引用生动、立体、真切地描绘了中国人民近100年来寻梦、追梦、圆梦的历史进程,镌刻了几代人为民族复兴奋

① 习近平:《青年要自觉践行社会主义核心价值观——在北京大学师生座谈会上的讲话》,2014年5月5日,人民网,http://politics.people.com.cn/n/2014/0505/c1001-24973097.html。

② 中共中央宣传部:《习近平总书记系列重要讲话读本》,学习出版社、人民出版社2016年版,第6页。

斗的尽心历程，发人深省、催人奋进。[①] 2013年底，习近平在全国政协新年茶话会中引用了《大学》中的“苟日新，日日新，又日新”来概括中华民族的伟大创造精神，为人类文明做出了不可磨灭的贡献，这是对中华民族创新精神的最好写照，习近平总书记引用这句诗文，不仅指出中华民族自古以来的创新精神，更强调在当今21世纪创新之于一个民族、一个国家发展的重要意义，强调当代中国的发展更需要不断继续创新，以适应时代的潮流，推动国家的持续发展。[②] 在对中国经验的自觉和自信的总结上，习近平近平总书记用了两个成语：既不“妄自菲薄”，也不“妄自尊大”。2014年，习近平在会见台湾地区各界人士访问团时讲到：“兄弟同心，其利断金”，意在表达，两岸同胞共同努力参与到中华民族复兴的进程中来，努力开创两岸关系美好的未来，共同实现中国梦。还有诸如“政之所兴在顺民心，政之所废在逆民心”，“民为邦本”，“和而不同”，“海纳百川，有容乃大”，“鉴得失，知兴替”，“博学之，审问之，慎思之，明辨之，笃行之”，等等。习近平总书记的引经据典来自于其深厚的中华文化素养。

习近平总书记非常喜欢读书，善于从中华优秀传统文化中吸取营养，解释实践，指导实践。2014年2月24日，习近平在中共中央政治局第十三次集体学习时指出：“培育和弘扬社会主义核心价值观必须立足中华优秀传统文化。牢固的核心价值观，都有其固有的根本。抛弃传统、丢掉根本，就等于割断了自己的精神命脉。博大精深的中华优秀传统文化是我们在世界文化激荡中站稳脚跟的根基。中华文化源远流长，积淀着中华民族最深层的精神追求，代表着中华民族独特的精神标识，为中华民族生生不息、发展壮大提供了丰厚滋养。中华传统美德是中华

---

① 参见《习近平总书记系列重要讲话读本》，学习出版社、人民出版社2016年版，第6～7页。

② 参见陈锡喜主编：《平易接人——习近平的语言力量》，上海交通大学出版社2014年版，第192～193页。

文化精髓，蕴含着丰富的思想道德资源。不忘本来才能开辟未来，善于继承才能更好创新。对历史文化特别是先人传承下来的价值理念和道德规范，要坚持古为今用、推陈出新，有鉴别地加以对待，有扬弃地予以继承，努力用中华民族创造的一切精神财富来以文化人、以文育人。”①习近平总书记在党的十九大报告中指出：“中国特色社会主义文化，源自于中华民族五千多年文明历史所孕育的中华优秀传统文化，熔铸于党领导人民在革命、建设、改革中创造的革命文化和社会主义先进文化，植根于中国特色社会主义伟大实践。”②

形成高校思想政治理论课话语体系离不开中华优秀传统的“根”，教师要不断增加文化底蕴，努力挖掘优秀传统文化中的语言资源，用其来滋养思想政治理论课教学，传统文化经典中往往蕴含着深刻的哲理和博大的智慧，教师要在教学话语中引用魅力深厚的多彩的传统经典，讲好中国故事，凸显中国气派，形成思想政治理论课独特的中国风格，并在课堂教学的诠释和引用中，结合新时代将中华优秀传统文化不断地进行创造性转化和创新性发展。③

平易近人的情感语言温暖人心，拉近距离。习近平在十八届中共中央政治局常委同中外记者见面会上开场白就对于记者的工作给予了高度的肯定。习近平总书记讲：“昨天，中国共产党第十八次全国代表大会胜利闭幕了。这些天来，各位记者朋友们对这次大会作了大量报道，向世界各国传递了许多‘中国声音’。大家很敬业、很专业、很辛苦，在此，

---

① 习近平：《把培育和弘扬社会主义核心价值观作为凝魂聚气强基固本的基础工程》，2014 年 2 月 25 日，人民网，http://politics.people.com.cn/n/2014/0225/c1024-24463022.html。

② 习近平：《决胜全面建成小康社会　夺取新时代中国特色社会主义伟大胜利——在中国共产党第十九次全国代表大会上的报告》，载《人民日报》2017 年 10 月 28 日。

③ 参见郝连儒：《习近平讲话的语言风格对高校思想政治理论课话语体系建设的启示》，载《思想理论教育导刊》2017 年第 9 期。

我代表大会秘书处，向你们表示衷心的感谢。”[①]如春风般的话语拉近了其与记者的距离，让记者们感到很温暖，总书记对他们很关心。习近平总书记在十九届中共中央政治局常委同中外记者见面时同样也对于记者朋友表达了衷心的感谢。作为党和国家最高领导人，习近平总书记在任何场合都没有以高高在上的姿态出现，也没有板着面孔的教育和说理。总书记的讲话不仅在内容上贴近受众、贴近实际、贴近群众生活，以群众日常使用耳熟能详的大白话大众话、形象比喻、俚语俗语来表达深刻的含义和道理，而且带有深厚的情感和真切的情谊。有的领导干部认为群众素质低、思想落后，看问题也比较浅薄、短视，所以难免会瞧不起群众，认知的偏颇、意识上的轻视、情感上的疏离会影响行为的结果，难免会出现跟群众交流时的颐指气使、居高临下，这种认知、意识和行为会严重伤害群众的感情，影响党和国家相关理论、政策、方针的传播和落地。习近平总书记在农村基层工作了七年的时间，深入地了解基层群众的疾苦，也深知他们的期盼，特别能理解群众的所思所想所行，也将人民群众的小事当作自己的大事，为人民谋福利，做让人民满意的事情。

高校思想政治理论课是对高校大学生进行思想政治教育的主渠道，是宣传党和国家理论、提高学生思想道德素质、为党和国家培养合格接班人的主阵地。高校思想政治理论课教师责任重大，要向习近平总书记学习，以真诚的心、温暖的话语、谦逊的姿态，与学生进行平等的沟通、交流，不能以知识权威、理论权威在课堂上进行无视教育对象——学生情感和思想的空洞说教，要与学生交心，以亦师亦友的角度，与学生教学相长，用富有情感的语言激励学生、鞭策进步、鼓舞斗志、塑造灵魂，努力营造和谐、轻松、民主、温暖的课堂氛围，与学生拉近距离，以情动人、以理服人，情理交融，以情达理。

---

① 《习近平总书记在十九届中共中央政治局常委同中外记者见面时的讲话》，2017年10月25日，中国网，http://www.china.com.cn/v/news/2017-10/25/content_41790630.htm。

习近平总书记的讲话不仅贴近群众、切合场合，还紧跟时代，讲潮流语言。习近平总书记在视察市民之家与市民握手的时候，会称呼对方“美女”，在 2015 年新年贺词中引用流行网络语言“蛮拼”和“点赞”，非常合乎潮流又简短凝练，让国人倍感亲切、备受鼓舞。看似习近平总书记在讲话时用了一些新名词、新概念，但背后蕴含的是总书记与时代接轨，并站在时代前列，了解时代的发展，具有时代的气息，让群众感觉到国家领导人的亲民温暖、平易近人和与时俱进。[①] 大学生年轻、活跃，易接受新鲜事物，对于时代信息和语言的捕捉就有天然的优越性，高校思想政治理论课教师的语言也要跟上时代的步伐，贴近学生的话语体系，关注当下社会的热点焦点，尤其是跟大学生息息相关的信息，在思想政治理论课教学中运用积极、正向、健康、活泼的时尚语言和潮流语言，吸引大学生的注意，提高“抬头率”，从而在语言的拉近中渗入相关理论和知识，积极推动教学任务和教学目标的实现。《咬文嚼字》编辑部在 2018 年 12 月 3 日发布了中国年十大流行语，此次入榜中国年十大流行语的分别是“命运共同体”“锦鲤”“店小二”“教科书式”“官宣”“确认过眼神”“退群”“佛系”“巨婴”和“杠精”。这又为思想政治理论课教师话语体系的创新提供了新资源新参考。

七、思想政治理论课课程内容遴选模式构建

坚持以“理论彻底化，素材生活化，专题科学化，内容体系化”为落脚点，坚持“以学为中心，引导为要务，以课程育人化人”原则，围绕“立足大数据，源于生活，关注社会，贴近学生”构建高校思想政治理论课课程内容遴选模式。

---

① 参见郑琼梅：《习近平总书记语言风格对思想政治理论课教学的启示》，载《学校党建与思想教育》2015 年第 8 期。

2017年11月至2018年3月，根据高校思想政治理论课教材编写领导小组的统一安排，新组建教材修订组深入学习思考，广泛调查研究，反复酝酿碰撞，多方听取意见，增删推敲，几易其稿，形成了四门思想政治理论课新教材。以《思想道德修养与法律基础》为例，修订教材过程中，修订组贯穿“立足新时代，贯穿新思想，着眼新要求，运用新话语”的新思路，对教材框架结构和主要内容进行了全新的修订。《思想道德修养与法律基础》课程正在使用的教材即为新教材。从新教材的内容来看，在教材开篇“绪论”部分就开宗明义地阐释了十九大报告中提出来的“新时代”定位。新时代也昭示着青年的新使命和新责任。现在18岁左右的大学生，到2035年社会主义现代化基本实现时35岁左右，还不到40岁；到本世纪中叶全面建成社会主义现代化强国时还不到50岁。当代大学生是中华民族伟大复兴进程的见证者和参与者，也是新时代中国特色社会主义建设事业的生力军。新教材努力站在新时代这一伟大的历史新起点上，来思考和把握新教材要担负的时代使命、表达的时代内容、展现的时代气象，将中华民族开创中国特色社会主义新时代的接力奋斗、新时代中国特色社会主义的新气象和中华民族的从容自信展现了出来，将中国特色社会主义的道路自信、理论自信、制度自信、文化自信融入了教材的字里行间，传递给每一位读者；将新时代中国特色社会主义新征程雄伟宏阔的时代场景展现了出来，引导青年大学生在对中华民族波澜壮阔复兴进程的深刻认识中认清自己肩上的责任，增强拼搏、担当和奉献的自觉意识，在投身民族复兴伟业的进程中绽放青春的精彩，成就绚丽的人生。同时，在教材中充分体现出习近平新时代中国特色社会主义思想的指导性，将习近平新时代中国特色社会主义思想鲜明的价值立场、深沉的家国情怀、科学的思想方法论等贯穿于新教材之中；习近平新时代中国特色社会主义思想的有关内容在《思想道德修养与法律基础》教材中也充分融入，准确体现。另外，十八大以来习近平总书记许多重要讲话和论述，比如人生观、核心价值观、青年、高校思想政治工作、文化自信、理想信念、中国精神、道德建设、法治建设等，在教材中也有深入的论述。新教材中既充分体现了党和国家对教育、对青年大学生的明确要求（有理想、有本领、有担当的时代新人），也自觉回应了青年大学生成长成才在思想道德发展、法治素质提升等方面表达的需要、提出的要求（包含民主、公平、正义、法治等热点焦点内容的理论与实践相结合的需求）。在话语方面，修订后的新教材进行了话语体系创新，充分借鉴和灵活运用了习近平总书记的“金句”，并学习近平总书记平实质朴、清新自然的语言风格来行文，既表达准确、贴切、简明，又贴近时代、贴近青年，平易近人。

新教材作为依据和支撑，有利于思想政治理论课教师对教材中涉及的基础理论和重大问题进行深入研究，将教材中的逻辑结构、章节布局、内容安排转化为具体教学中对于教学内容、逻辑结构进行创造性的再组织和再设计。新版教材简洁扼要，为教学提供了一个基本的依据，在现实的课堂教学中需要教师将其中涵盖的广泛的内容、理论点、知识点从理论、历史和现实的角度不断地丰富充实，引导学生理解关键内容，实现“教”的目标和“学”的目标。在转化的过程中，就要基于理论，立足现实，贴近学生。思想政治理论课具有较强的理论性，有自身的理论使命，不能曲意迎合学生的兴趣，而要以谨慎严密的治学态度获得理论和问题的深刻理解，去适应和引领被教育者的精神需求。马克思指出：“理论只要说服人，就能掌握群众；而理论只要彻底，就能说服人。所谓彻底，就是抓住事物的根本。但是，人的根本就是人自身。”[①]高校思想政治理论课就是要抓住“人本身”这一根本，真正关怀现实中的学生，把握学生学习的规律和成长成才的规律。马克思主义认为，人的本质是一切社会关系的总和，人的社会属性是人的本质属性，因此思想政治教育还要关注和遵循人类社会发展规律，将具体的学生面临的生活中的各种矛盾和困惑与人类的终极发展——自由而全面的发展统一起来，以彻底的理论的内

① 《马克思恩格斯选集》第 1 卷，人民出版社 1995 年版，第 9 页。

容和逻辑展现人类终极发展的图景。① “在当前就是要在坚持马克思主义基本立场和基本方法的基础上，以更加宽阔的眼界审视马克思主义在当代发展的现实基础和实践需要，坚持问题导向，坚持以我们正在做的事情为中心，聆听时代声音，更加深入地推动马克思主义同当代中国发展的具体实际相结合，不断开辟 21 世纪马克思主义发展新境界，确保马克思主义与时俱进的生命力。”②

在由教材体系向教学体系转化时，思想政治理论教师要注意内容的逻辑体系化。“马克思主义基本原理概论”课从总体上要求理解和把握什么是马克思主义，了解马克思主义产生的历史过程和发展阶段，掌握马克思主义的鲜明特征，深刻认识马克思主义的当代价值，增强学习和运用马克思主义的自觉性。“毛泽东思想和中国特色社会主义理论体系概论”课的开设为了使大学生对马克思主义中国化进程中形成的理论成果有更加准确的把握，对中国共产党领导人民进行的革命、建设、改革的历史进程、历史变革、历史成就有更加深刻的认识，对中国共产党在新时代坚持的基本理论、基本路线、基本方略有更加透彻的理解，对运用马克思主义立场、观点和方法认识问题、分析问题和解决问题能力的提升有更加切实的帮助。通过“中国近现代史纲要”课程的学习，帮助学生认识近现代中国社会发展和革命、建设、改革的历史进程及其内在的规律性，了解国史、国情，深刻领会历史和人民是怎样选择了马克思主义，选择了中国共产党，选择了社会主义道路，选择了改革开放。学习“思想道德修养与法律基础”课程，有助于大学生领悟人生真谛，坚定理想信念，践行社会主义核心价值观，做新时代的忠诚爱国者和改革创新的生力军；有助于大学生形成正确的道德认知，积极投身道德实践，做到明大德、守公

---

① 参见王学俭、杜敏：《高校思想政治教育供给侧改革探讨》，载《思想理论教育导刊》2017 年第 6 期。

② 黄明理：《如何理解“理论上彻底才能说服人”》，载《新华日报》2016 年 7 月 19 日。

德、严私德；有助于大学生全面把握社会主义法律的本质、运行和体系，理解中国特色社会主义法治体系和法治道路的精髓，增进法治意识，养成法治思维，更好行使法律权利、履行法律义务，做到尊法学法守法用法，从而具备优秀的思想道德素质和法治素养。“形势与政策”课，主要是让学生对于基本国情世情以及国家处在不同阶段不同时期的政策有较深入的了解和掌握。

综合来看，思想政治理论课内容包括思想教育、政治教育、道德教育、心理教育和法治教育等内容，要建立起综合立体供给的内容体系，既要将分散在五门课程中的理论和知识点进行有机整合，有效衔接，避免重复同质，注重五门思想政治理论课整体效果，促进高校思想政治教育有效供给，又要注重每门课程自身的逻辑结构和规律。在构建内容体系时，既要形成五门思想政治理论课的综合内容体系，又要兼顾各自的特点组织内容，开展教学。在课堂素材选取上，要立足学生实际，贴近他们的需要、情感，让思想政治理论课成为学生的“真爱”，让学生有较大的获得感和满足感。

新时代的大学生年轻、独立，富有创新意识，喜欢新鲜事物，对社会热点焦点问题比较关注，比如腐败问题、生态环境、公平正义、法治进程、贫富差距，有较强的责任感、使命感，富有很强的正义感，对社会上存在的假恶丑、不公正的现象有独特的看法和见解，急切地需要教师在课堂上为之回答相关的问题。同时，在其自身的成长中也会面临许多矛盾和问题，诸如人生、价值、理想、信仰、道德、国家、命运、使命、爱情、学习、兴趣、抉择、交友、交际、沟通等等，也需要教师在课上课下进行积极正向的引导和影响。这就要求教师在选取课堂素材和案例的时候，既要坚持理论的彻底性、前沿性，还要积极响应学生的需求，综合运用马克思主义的基本观点和方法，从当代大学生成长成才过程中所面临和关心的实际问题出发，进行正确的世界观、人生观、价值观、道德观和法治观教育，引导学生确立坚定正确的政治方向，形成优良的思想道德品质，增强法治意识，提高法律素质，使大学生真正成为有理想、有本领、有担当的时代新人。针对学生关注的热点问题(教育、食品、公共卫生、医疗、恐怖主义、中美关系、道德观念、政策体制、社会公平等)、党的大政方针政策问题(中国特色社会主义、习近平新时代中国特色社会主义思想等)、学生困惑的理论和实践问题(意识形态等问题)、学生个人思想困惑(学习、生活、心理等),强化问题意识,凝练教学内容,积极探索专题教学,兼顾整体性、科学性和个性化特点,构建重点突出、贴近实际的教学体系。

思想政治理论课教师要引导学生客观正确看待我国转型时期呈现出的各种问题,深化对我国国情、社会现实、国际形势的正确认识,旗帜鲜明地反对各种错误的观点,形成科学的意识导向,树立中国特色社会主义共同理想,增强政治认同和道路自信、理论自信、制度自信和文化自信,正确认识自身担负的历史使命,脚踏实地,目标高远,帮助学生塑造理想品格,引导学生积极辩证地解决成长中的各种困惑,培养学生积极进取、健康乐观的人生态度,在奋斗中促进中国梦的实现和自身价值的升华。

在大数据时代,可以通过学校信息中心与各大网络平台联合,建立大数据思想政治教育研究平台,整合学生的学习、交往、生活中在网络留下的痕迹,掌握学生的真实需求、价值取向、兴趣爱好、行为方式等,以此为依据,增强思想政治教育内容和方法的针对性、精准性和有效性,当然也要注意保护学生的隐私,遵守法律和道德规则。①

当前高校各个层面对思想政治教育都非常重视,加大了思想政治教育资源投入,有大量的教育实践活动、教育素材、教育案例、新媒体自媒体作品,但存在重复投入、同质化等问题,可以说有些教育资源并未得到学生的认可,造成了人力、物力、财力的浪费。因此,高校还需整合各类线上线下教育资源,调整结构,盘活存量,优化增量,打造思想政治教育“精品”。②

---

① 参见王学俭、杜敏:《高校思想政治教育供给侧改革探讨》,载《思想理论教育导刊》2017 年第 6 期。

② 参见侍旭:《高校思政教育也应有“供给侧改革”思维》,载《光明日报》2016 年 3 月 16 日。

八、思想政治理论课课程供给队伍模式构建

2013年9月9日，远在乌兹别克斯坦进行国事访问的习近平向全国广大教师致以节日问候，在慰问信中，习近平充分肯定了教师为我国教育事业发展和国家发展、民族振兴做出的突出贡献，并对广大教师提出了殷切希望："牢固树立中国特色社会主义理想信念，带头践行社会主义核心价值观，自觉增强立德树人、教书育人的荣誉感和责任感，学为人师，行为世范，做学生健康成长的指导者和引路人；牢固树立终身学习理念，加强学习，拓宽视野，更新知识，不断提高业务能力和教育教学质量，努力成为业务精湛、学生喜爱的高素质教师；牢固树立改革创新意识，踊跃投身教育创新实践，为发展具有中国特色、世界水平的现代教育作出贡献。"①

2014年9月9日，习近平到北京师范大学考察时强调："教师重要，就在于教师的工作是塑造灵魂、塑造生命、塑造人的工作。一个人遇到好老师是人生的幸运，一个学校拥有好老师是学校的光荣，一个民族源源不断涌现出一批又一批好老师则是民族的希望。国家繁荣、民族振兴、教育发展，需要我们大力培养造就一支师德高尚、业务精湛、结构合理、充满活力的高素质专业化教师队伍，需要涌现一大批好老师。"②同时，他还勉励广大教师做有理想信念、有道德情操、有扎实学识、有仁爱之心的好老师，为发展具有中国特色、世界水平的现代教育，培养社会主义事业建设者和接班人做出更大的贡献。2016年9月9日，习近平到北

① 《习近平向全国广大教师致慰问信》，2013年9月9日，新华网，http://www.xinhuanet.com//politics/2013-09/09/c_117294186.htm。

② 习近平：《同北京师范大学师生代表座谈时的讲话(全文)》，2014年9月10日，人民网，http://politics.people.com.cn/n/2014/0910/c70731-25629093-3.html。

京市八一学校看望师生时指出："广大教师要做学生锤炼品格的引路人，做学生学习知识的引路人，做学生创新思维的引路人，做学生奉献祖国的引路人。"①

2016年12月8日，习近平在全国高校思想政治工作会议时强调："教师是人类灵魂的工程师，承担着神圣使命。传道者自己首先要明道、信道。高校教师要坚持教育者先受教育，努力成为先进思想文化的传播者、党执政的坚定支持者，更好担起学生健康成长指导者和引路人的责任。要加强师德师风建设，坚持教书和育人相统一，坚持言传和身教相统一，坚持潜心问道和关注社会相统一，坚持学术自由和学术规范相统一，引导广大教师以德立身、以德立学、以德施教。"同时，习近平对于高校思想政治工作队伍给予了积极的肯定，并对队伍建设提出了新要求："要拓展选拔视野，抓好教育培训，强化实践锻炼，健全激励机制，整体推进高校党政干部和共青团干部、思想政治理论课教师和哲学社会科学课教师、辅导员班主任和心理咨询教师等队伍建设，保证这支队伍后继有人、源源不断。"②

2018年9月10日，习近平代表党中央向全国广大教师和教育工作者致以节日的热烈祝贺和诚挚问候。他强调，长期以来，广大教师贯彻党的教育方针，教书育人，呕心沥血，默默奉献，为国家发展和民族振兴做出了重大贡献。教师是人类灵魂的工程师，是人类文明的传承者，承载着传播知识、传播思想、传播真理，塑造灵魂、塑造生命、塑造新人的时代重任。全党全社会要弘扬尊师重教的社会风尚，努力提高教师政治地位、社会地位、职业地位，让广大教师享有应有的社会声望，在教书育人

---

① 《习近平在北京市八一学校考察时强调：全面贯彻落实党的教育方针　努力把我国基础教育越办越好》，2016年9月9日，中华人民共和国中央人民政府网，http://www.gov.cn/xinwen/2016-09/09/content_5107047.htm。

② 习近平：《把思想政治工作贯穿教育教学全过程　开创我国高等教育事业发展新局面——在全国高校思想政治工作会议上的讲话》，2016年12月8日，新华网，http://www.xinhuanet.com/politics/2016-12/08/c_1120082577.htm。

岗位上为党和人民事业做出新的更大的贡献。①

2019年3月18日，习近平总书记主持召开学校思想政治理论课教师座谈会并发表重要讲话，向全国大中小学思政课教师致以诚挚的问候和崇高的敬意。习近平总书记强调："思想政治理论课是落实立德树人根本任务的关键课程。青少年阶段是人生的'拔节孕穗期'，最需要精心引导和栽培。我们办中国特色社会主义教育，就是要理直气壮开好思政课，用新时代中国特色社会主义思想铸魂育人，引导学生增强中国特色社会主义道路自信、理论自信、制度自信、文化自信，厚植爱国主义情怀，把爱国情、强国志、报国行自觉融入坚持和发展中国特色社会主义事业、建设社会主义现代化强国、实现中华民族伟大复兴的奋斗之中。思政课作用不可替代，思政课教师队伍责任重大。"②思想政治理论课教师肩负着"立德树人"的重任，承担着培养社会主义事业合格建设者和接班人的使命，需要坚持以"学高为师，身正为范"为主体培育的出发点，坚持"立身立德，言传身教，传道授业，人文关怀，关注社会"原则，围绕"理念先行，加快融入，积极创新""坚守理想，明道信道，承担使命""修养德行，强化理论，提升能力""形成联动，多元参与，协同共促"架构和完善教育队伍培育模式。

(一)理念先行，加快融入，积极创新

随着全球化、网络化的不断加深，社会开放程度越来越大，各国的文化、技术相互交融、互相碰撞，教师更要有开放育人、开放教学的理念。新时代的高校大学生思想前卫、观念超前、行为张扬，接受新生事物能力极强，任性、随性，而互联网生活多元、灵活、丰富，相对自由，与大学生的

① 参见《习近平出席全国教育大会并发表重要讲话》，2018年9月10日，中国政府网，http://www.gov.cn/xinwen/2018-09/10/content_5320835.htm。

② 《习近平主持召开学校思想政治理论课教师座谈会》，2019年3月18日，http://www.gov.cn/xinwen/2019-03/18/content_5374831.htm? tdsourcetag=s_pcqq_aiomsg。

特点极为契合。由于网络新媒体的不断发展，虚拟空间已经成为现代人生活的另一个重要场域。在互联网世界，大学生充分调动了自身的积极性、主动性和创造性，让其有主人的感觉，主体地位凸显。互联网、新媒体的发展生发了思想政治教育的新形态，要求思想政治教育在理念、内容、技术、形式等方面进行全方位的改革。思想政治理论课课程供给主体不能依旧以传统单一、静态的模式进行思想政治教育，只有转变观念，树立新理念，尽快融入，随时代的发展而变革，明确思想政治教育目标，才能创新教学工作新方法，增强实效性。秉持"学生在哪教师就在哪，占领学生思想阵地"的原则，思想政治理论课课程供给主体要消除对互联网、新媒体的偏见，破除对其"防、躲、堵"的思想，移情换位，主动浏览学生喜闻乐见的网站、论坛、视频，及时了解并主动学说学生喜爱的网络语言，贴近学生生活，引导他们明辨是非、善恶、美丑，引导他们理性对待非主流文化和杜绝网络不良信息的侵蚀。这需要思想政治理论课教师不断提高信息搜索能力、辨别能力、理解能力、加工能力和制作多媒体课件、使用新载体的能力。思想政治教育的目标就是要培养德智体全面发展的社会主义事业接班人，培养有理想、有本领、有担当的时代新人，思想政治理论课教师需要与时俱进，加大利用"互联网＋"的优势，运用新语态、新形势、新载体传播正能量，增加与学生间的互动交流，为社会主义事业的不断发展和实现中华民族伟大复兴的中国梦培养接班人和践行者。

（二）强化自信，承担使命，完善自我

大学生是国家宝贵的人才，是民族未来的希望。作为思想政治理论课教师，要认识到"培养什么人，如何培养人"是思想政治教育永恒的课题，以"立德树人"为根本任务加强和改进高校学生思想政治教育，提高其思想政治素质、道德素质和法律素质，培养社会主义事业可靠的接班人、建设者和筑梦人，这关系到国家的发展和民族的复兴。思想政治教育工作不是一蹴而就的，其具有长期性、复杂性和艰巨性，而且国际国内

形势不断深刻变化，对于思想政治教育工作来说既有有利条件，也会面临诸多严峻挑战。站在新时代，思想政治理论课教师要认识到：中国特色社会主义进入新时代，意味着近代以来久经磨难的中华民族迎来了从站起来、富起来到强起来的伟大飞跃，迎来了实现中华民族伟大复兴的光明前景；意味着科学社会主义在21世纪的中国焕发出强大生机活力，在世界上高高举起了中国特色社会主义伟大旗帜；意味着中国特色社会主义道路、理论、制度、文化不断发展，拓展了发展中国家走向现代化的途径，给世界上那些既希望加快发展又希望保持自身独立性的国家和民族提供了全新选择，为解决人类问题贡献了中国智慧和中国方案。这个新时代，是承前启后、继往开来、在新的历史条件下继续夺取中国特色社会主义伟大胜利的时代，是决胜全面建成小康社会、进而全面建设社会主义现代化强国的时代，是全国各族人民团结奋斗、不断创造美好生活、逐步实现全体人民共同富裕的时代，是全体中华儿女勠力同心、奋力实现中华民族伟大复兴中国梦的时代，是我国日益走近世界舞台中央、不断为人类做出更大贡献的时代。

青年兴则国家兴，青年强则国家强。青年一代有理想、有本领、有担当，国家就有前途，民族就有希望。中国梦是历史的、现实的，也是未来的；是我们这一代的，更是青年一代的。中华民族伟大复兴的中国梦终将在一代代青年的接力奋斗中变为现实。① 高校思想政治理论课教师，尤其是最先接触大一新生的“思想道德修养与法律基础”课教师和“中国近现代史纲要”教师，要牢固地树立中国特色社会主义共同理想，坚定地信仰马克思主义和中国共产党，要以“立德树人”为根本要务，以强烈的责任感和使命感，自觉主动地提高自身素质，完善自我。

首先，思想政治理论课教师必须要不断提升自身思想道德素养。教

---

① 参见习近平：《决胜全面建成小康社会 夺取新时代中国特色社会主义伟大胜利——在中国共产党第十九次全国代表大会上的报告》，载《人民日报》2017年10月28日。

师的人格力量和人格魅力是成功教育的重要条件。教师对于学生的影响，离不开其为人处世、于国于民、于公于私所持的价值观。一个教师在是非、曲直、善恶、义利、得失等方面要有正确的见解，教师必须率先垂范、以身作则，引导学生把握好人生的方向，扣好人生的第一粒扣子。教师的职业特性决定了教师必须是道德高尚的人，好教师首先应该是以德立身、以德施教的楷模。思想政治理论课更注重"德"的养成，社会公德、职业道德、家庭美德等建设都要最终落实到个人品德的养成上。思想政治理论课教师要做社会主义核心价值观的践行者，做学生品德的引导者。思想政治理论课教师必须是爱国守法、敬业诚信、友善仁爱、风清气正、充满正能量的品德高尚的人。教师是学生道德修养的镜子，好教师应该取法乎上、见贤思齐，不断提高道德修养，提升人格品质，把正确的道德观传授给学生。

其次，扎实的知识功底、过硬的教学能力、勤勉的教学态度、科学的教学方法是老师的基本素质，其中知识是根本基础。想要在新时代做好教师，需要教师拥有广博的知识和宽阔的视野，思想政治理论课教师要不断强化思想政治理论专业素养和文化素养，努力钻研马克思主义以及马克思主义中国化理论，做到真信、真懂、真用，以深厚的理论功底解决学生对马克思主义的质疑，帮助其真正树立起马克思主义信仰，坚定中国特色社会主义道路自信、理论自信、制度自信和文化自信。文化是一个国家的软实力，文化传统更是国家和民族的"胎记"。思想政治理论课教师要努力学习和传承中华优秀传统文化，引导学生正确理性地爱国，爱我们的灿烂文化。好教师还应该是智慧型的老师，具备学习、处世、生活、育人的智慧，既授人以鱼，又授人以渔，能够在各个方面给学生以帮助和指导。

再次，思想政治理论课教师要不断提高自身的教学技巧和教学能力。为此要广泛涉猎哲学、历史学、教育学、心理学、社会学等人文社会科学知识，同时要不断积累实践性经验，加强理论联系实际的能力。针对学生的思想、心理、行为等特点，以问题为导向，大胆创新教学方法和载体，灵活运动新媒体和互联网资源，增强思想政治理论课课程的实效性。

最后，思想政治理论课教师要有仁爱之心。思想政治理论课教育的特殊性更要求教师要有仁爱之心，对待学生充满慈爱和信任，宽严相济，对其晓之以理动之以情，让学生“亲其师”，“信其道”。好教师不仅要用真情真心滋润学生心田，还要培育和唤起学生的仁爱之心。教师要将自己的爱洒向每一位学生，关注每一位学生的成长，尊重学生、理解学生、宽容学生，用激励和鼓舞增强学生的自信心，用关爱和责任树立起每一个学生的自尊、自爱、自强和自立。好教师要热爱自己的工作，将教书育人作为第一要务，将教书育人、立德树人的责任落实在日常工作的点点滴滴。思想政治理论课教师要做到以高尚的品德引导人，以渊博的知识折服人，以生动的教学吸引人，以仁爱之心浸润人。[①] 思想政治理论课教师“要珍惜这份光荣，爱惜这份职业，严格要求自己，不断完善自己”，“执着于教书育人，有热爱教育的定力、淡泊名利的坚守”。[②]

(三)形成联动，多元参与，协同共促

长期以来，思想政治理论课教师一直处于单打独斗的状态，难以精准、有效地满足新形态下需求侧(学生)的要求。为了改变这种窘境，需要形成联动，多元参与，协同育人。协同育人的路径主要有两个：

一是显性协同。即思想政治理论课专职教师、辅导员、相关专业课教师协同教学。[③] 这需要针对当前国家对思想政治理论课课程的要求和

---

① 参见习近平：《同北京师范大学师生代表座谈时的讲话(全文)》，2014 年 9 月 10 日，人民网，http://politics.people.com.cn/n/2014/0910/c70731-25629093-3.html。

② 《习近平出席全国教育大会并发表重要讲话》，2018 年 9 月 10 日，中国政府网，http://www.gov.cn/xinwen/2018-09/10/content_5320835.htm。

③ 参见肖慧：《高校辅导员与思想政治理论课教师协同育人的实践与思考》，载《学校党建与思想教育》2015 年第 11 期。

习近平总书记系列重要讲话精神，结合三者的专业背景以及实践经验，从理想信念教育、以爱国主义为核心的民族精神和以改革创新为核心的时代精神教育、公民道德教育以及法治教育等思想政治理论课课程内容中找出需要三者协同教学的部分，打造协同教学主体队伍，集体备课，线上线下讨论交流，通过班级试点，不断总结经验，改进方式方法。

二是显隐结合育人。考虑到由于种种原因，辅导员和相关专业课教师不能承担部分思想政治理论课课程教学，那么可以采取显隐结合育人模式，即成立课程小组，成员包括思想政治理论课课程专职教师、辅导员和相关专业课教师。思想政治理论课全程由专职教师来承担，小组定期例会，通过例会，辅导员为思想政治理论课课程专职教师提供学生日常生活状况和思想动态，专业课教师可以给予相关专业的理论知识支持。另外，思想政治理论课教师可以主动或应辅导员邀请去参加学生的班会、团会、主题教育活动和社会实践活动，辅导员同样可以去听专职教师讲课，参与课堂讨论，进行课堂点评，开展主题发言。当然，这种显隐结合也包括，有能力的辅导员可以全程为所在院系的学生教授思想政治理论课，专职教师和相关专业课教师提供相应的理论支持。

除了这两种路径，协同育人中还应探索和健全特聘教授、相关专家、学者讲学机制，形成多元参与、协同共育新业态。为了将协同育人真正落实，还需要校级负责人的有力领导与大力支持以及学校宣传部门、学生管理部门、教学部门等相关部门的积极配合，因此，需要健全协同育人组织领导机制和保障机制，制定相关的规章制度，落实责任，为协同育人创造平台和条件，将协同育人常态化、规范化、制度化。习近平指出，要用好课堂教学这个主渠道，思想政治理论课要坚持在改进中加强，其他各门课都要守好一段渠、种好责任田，使各类课程与思想政治理论课同向同行，形成协同效应，也即实现思政课程到“课程思政”的转变，强化“大思政”意识，构建“大思政”格局。各个学科、专业的教学中都要坚持马克思主义思想的指导地位，要深入挖掘思想政治教育资源，加强教师

"立德树人"意识,努力做到"立德"与"育人"相统一。

(四)健全机制,激发潜能,保障有力

为了加强思想政治理论课课程供给主体建设,高校需健全培训、考核等机制。

首先,进一步完善教师培养培训制度,健全国家示范培训、省级分批轮训、高校全员培训三级培训体系。重点加强骨干教师培训,推进跨学科协同思想政治教育培训。对于新入职教师特别是没有工作经验的大学毕业生的岗前培训往往是高校忽视的环节,需要引起足够的重视,加大关于教育学、心理学和教学教法方面的岗前培训。对于在职教师要进行定期集体培训和不定期的轮训,还要鼓励和支持在职教师进一步深造,攻读更高级的学位。要鼓励教师走出去,在交流与学习中开阔视野,学习经验,深化理论,完善自我。总之,高校要健全培训机制,破除一劳永逸的观念,全员树立终身学习的理念,不断更新知识和技术,不断提高教师的教学水平和能力。

其次,进一步完善激励机制,激发潜能。学校要尊重和重视思想政治教育主体,充分考虑思想政治理论课教师的工作特点,在评职评优、课题申报、薪金待遇等方面给予政策倾斜,积极创造良好的教学科研条件和氛围,充分调动教师工作的积极性和创新性,发挥潜力。

再次,改革考核评价机制。坚持分层分类考核原则,针对思想政治教育特点,结合教师所处职业生涯的不同阶段制定考核评价标准。由于思想政治教育的特殊性,要把严师德和思想政治素质考核关,制定具有可操作性的长效机制,建立师德素养档案,通过自评与他评的方式对师德进行评价,评价考核结果计入档案,在评职评优中实行师德"一票否决"制。考核评价中坚持教学科研并重、质量平衡原则,提高教学在绩效分配、职称评定、岗位晋级、评优奖励中的比重,充分调动思想政治教育主体教学积极性;在科研评价中既要有质的要求,也要有合理的量化设计,扭转唯文凭、唯论文、唯"帽子"、唯项目、唯经费的偏颇导向,完善以

质量和贡献为导向的评价机制。

最后，形成有力的思想政治理论课保障体系。随着办学条件不断改善，教育投入要更多向教师倾斜，不断提高教师待遇，让广大教师安心从教，热心从教。国家、省、市、学校要整合资源，合力推动高校马克思主义学院的建设，提供机构保障。加大投入力度，尤其是思想政治理论课建设专项经费的投入，"努力提高思想政治理论课教师待遇"，优化办公环境，"提供充分的教学科研资料，加强信息化建设"，提供物质、资源保障。高校要切实重视思想政治理论课，建立党委书记负责制，"确保在学校发展规划、经费投入和公共资源使用中优先保障思想政治理论课建设，在人才队伍建设、科研立项、评职评优等方面优先支持思想政治理论课教师"，提供组织、领导保障。① 总之，做到全员重视思想政治理论课及教师，为思想政治理论课主体提供强大而有力的保障。

2019 年 3 月 18 日，习近平总书记在主持召开学校思想政治理论课教师座谈会时指出："办好思想政治理论课关键在教师，关键在发挥教师的积极性、主动性、创造性。思政课教师，要给学生心灵埋下真善美的种子，引导学生扣好人生第一粒扣子。第一，政治要强，让有信仰的人讲信仰，善于从政治上看问题，在大是大非面前保持政治清醒。第二，情怀要深，保持家国情怀，心里装着国家和民族，在党和人民的伟大实践中关注时代、关注社会，汲取养分、丰富思想。第三，思维要新，学会辩证唯物主义和历史唯物主义，创新课堂教学，给学生深刻的学习体验，引导学生树立正确的理想信念、学会正确的思维方法。第四，视野要广，有知识视野、国际视野、历史视野，通过生动、深入、具体的纵横比较，把一些道理讲明白、讲清楚。第五，自律要严，做到课上课下一致、网上网下一致，自觉弘扬主旋律，积极传递正能量。第六，人格要正，有人格，才有吸引力。

① 参见中共中央宣传部、中华人民共和国教育部：《普通高校思想政治理论课建设体系创新计划》，2015 年 7 月 27 日，http://www.moe.edu.cn/srcsite/A13/moe_772/201508/t20150811_199379.html。

亲其师，才能信其道。要有堂堂正正的人格，用高尚的人格感染学生、赢得学生，用真理的力量感召学生，以深厚的理论功底赢得学生，自觉做为学为人的表率，做让学生喜爱的人。”①总之，思想政治理论课供给主体要按照习近平总书记的要求，增强本领，承担使命，以“政治强，情怀深，思维新，视野广，自律严，人格正”为标准严格要求自己，做可信、可敬、可靠，乐为、敢为、有为的思政课教师。

① 《习近平主持召开学校思想政治理论课教师座谈会》，2019 年 3 月 18 日，http://www.gov.cn/xinwen/2019-03/18/content_5374831.htm? tdsourcetag＝s_pcqq_aiomsg。

附录　高校大学生思想政治现状及思想政治理论课认同状况调查问卷

高校大学生思想政治现状及思想政治理论课认同状况调查问卷

亲爱的同学：这是一份大学生思想行为特征及思想政治理论课认同状况的调查问卷，请您根据自己的实际情况进行填写，本问卷仅用于大学生思想政治理论课题调研的研究，采用不记名方式进行抽样调查，不会对您的生活造成任何不便，请您花费几分钟勾选一下真实情况，谢谢您的合作！

1. 您的性别[单选题][必答题]

○男

○女

2. 您的学科类别[单选题][必答题]

○工科

○理科

○文法

○经管

○艺术

○其他

3. 您的政治面貌[单选题][必答题]

○党员

○团员

○群众

4. 您是否为学生干部？[单选题][必答题]

○是

○否

5. 在国际比赛中，当中国国旗升起来的时候，您会感到骄傲吗？[单选题][必答题]

○会

○没感觉

○不会

6. 加入中国共产党，您觉得对您有何影响？[单选题][必答题]

○没什么影响

○入党是件荣耀的事，对于激励自我、发展自我有积极的影响

○入党有利于仕途发展，对今后找工作有好处

○党的宗旨、作风和政治纪律都会对自己的成长有帮助

7. 国家政策号召大学生支援西部、支援农村建设，您对此作何选择？[单选题][必答题]

○有一大笔安家费，待遇优厚，我就去

○有升职和发展空间，我就去

○先解决自身就业，去后边工作边学习，完成一年支援再考研究生

○主动选择西部或农村就业，扎根基层，有没有条件无所谓

8. 您平时关心政治时事吗？[单选题][必答题]

○很关心，经常与同学评论

○比较关心，常看新闻、报纸

○不大关心，只是偶尔看看新闻

9. 您了解马克思主义的途径有哪些？[多选题][必答题]

○思想政治理论课

○党课

○政策文件、规章制度

○理论通俗读物

○大众传媒

○学生社团

○校园文化

○社会实践

○其他

10. 哪种途径使您对马克思主义理论的印象最深刻？[多选题][必答题]

○思想政治理论课

○党课

○政策文件、规章制度

○理论通俗读物

○大众传媒

○学生社团

○校园文化

○社会实践

○其他

11. 您在生活学习中遇到困难的时候，会不会用马克思主义理论和方法去解决实际问题呢？[单选题][必答题]

○很自然地运用

○偶尔会

○一般不会

○从来没有

○不知道哪些是马克思主义理论和方法

12. 您认为以下哪些方法对提高大学生的思想政治素质较有效？[多选题][必答题]

○通过班级开展民主生活会

○通过网络论坛进行教育

○通过相关讲座

○通过思想政治理论课

○学校、院系日常思想政治教育

13. 您是否崇尚奉献精神，愿意牺牲自己的某些利益为别人谋好处？[单选题][必答题]

○是

○否

○不一定

14. 您是否能够正确处理奉献与索取之间的关系？[单选题][必答题]

○能够协调好两者关系

○不能，总是偏向于其中一方

○概念模糊，没有刻意衡量

15. 对于个人价值与社会价值的关系，您是哪一种？[单选题][必答题]

○自我价值本位

○时刻顾大局，达到社会价值最大化

○追求两者的统一

16. 您所理解的成功是[多选题][必答题]

○事业有成

○拥有权力或金钱

○充分发挥自己的才能

○安逸就好,知足者常乐

○受人尊重

○有益于国家和人民

17. 在选择工作的时候,您希望[单选题][必答题]

○找一份稳定的工作

○找一份赚钱的工作,不赚钱了就跳槽

○找一份自己喜欢的工作,使自己的才能得以发挥

○自主创业

18. 如果可以选择,您会通过哪种途径获得成功?[单选题][必答题]

○参加选秀节目,一举成名

○中彩票,获巨额财富

○读大学,毕业后努力工作

○艰苦创业,靠自己打天下

○做官从政,拥有权力

○从事公益事业

19. 您将选择什么样的方式获取幸福?[单选题][必答题]

○在父母的帮助下获得幸福

○靠自己的奋斗创造幸福

○依靠社会的力量获得幸福

○依靠朋友获取幸福

20. 您觉得上大学的目的是什么?[单选题][必答题]

○实现理想抱负

○获得一张文凭

○找份好工作

○满足父母的愿望和其他

21.您和您周围的同学经常谈论的话题是[单选题][必答题]

○考研和毕业找工作

○谈恋爱、打游戏、八卦娱乐新闻

○国际或国内时政话题

○日常学习与生活问题

22.您认为现在上思想政治理论课的主要目的是[单选题][必答题]

○学习思想政治理论,形成正确的“三观”,不断提高自己的精神境界

○为今后的入党、从政奠定良好基础

○应对期末考试,拿到相应学分

○其他

23.您思想政治理论课逃过课吗?[单选题][必答题]

○经常不去

○偶尔逃课

○从不逃课

24.您逃课的原因是[多选题][必答题]

○上课枯燥,实在听不进去

○课程没有意义,不如利用时间学习实用的东西

○专业课压力较大

○社团活动和其他事务繁忙

○懒散,对自己要求低,受同宿舍舍友及其他同学影响,容易放任自己

25.您认为当前思想政治理论课教学中存在的主要问题有[多选题][必答题]

○教材文字枯燥，理论与现实脱节

○灌输型的教学模式，学生参与度低

○任课教师照本宣科，缺乏创造性

○学生和任课教师有代沟，沟通交流比较困难

○学生对课程不感兴趣，只为了应试

26.您对目前开设的思想政治理论课（思想道德修养与法律基础、中国近现代史纲要、中国化马克思主义、马克思主义基本原理、形势与政策）的态度是[单选题][必答题]

○很喜欢

○比较喜欢

○不太喜欢

○不喜欢

27.思想政治理论课给您留下的印象有[多选题][必答题]

○背诵

○空泛，讲大道理

○脱离实际

○紧密联系实际

○其他________

28.以下哪些思想政治理论课授课方式您比较喜欢？[多选题][必答题]

○互动教学，老师与学生共同讨论，解决问题

○将教学内容与现实热点焦点问题或者其他案例材料相结合，从而拓宽视角，既加强理论解释力，又为学生看待现实问题提供价值方向

○邀请专家学者、道德模范、老兵或领导干部等为学生作报告，上思想政治理论课，解答疑惑

○走出课堂，走进生活，切身感悟、实践

○线上线下结合，引入慕课、微课、翻转课堂等形式，课堂讨论相关

问题，教师主要答疑解惑

29. 您对思想政治理论课引入慕课、微课、翻转课堂（学生自主利用老师发布的视频完成知识的学习，课堂则变成老师与学生、学生与学生互动的场所，包括答疑解惑、知识的运用等）这种授课方式怎么看？［单选题］［必答题］

○很赞成，这种自由、活跃的课堂是大势所趋

○较赞成，可以适当应用，但应以传统课堂授课为主

○不赞成，慕课、微课效率较低下、难于实施，不适合中国学生与教学现状

30. 您认为一名优秀的思想政治理论课教师应具备的素质应该有［多选题］［必答题］

○自身的德行

○扎实的专业功底与理论素质

○课堂对时事的讨论交流

○了解大学生思想和行为实际，并能用马克思主义的基本理论和方法给予疏导和帮助

○激发同学的政治参与性

31. 在思想政治理论课教学上，您任课的教师是以什么角色出现的［多选题］［必答题］

○思想灌输者

○教学实施者

○指导者

○平等的互动者

32. 您更喜欢教师以何种话语风格进行授课？［单选题］［必答题］

○严肃，以表达理论为主

○幽默风趣

○言语犀利

○朴实流畅

○充满感情

33.您所在学校的思想政治理论课有实践活动吗？[单选题][必答题]

○经常开展

○偶尔会

○没有

34.您所在学校的思想政治理论课实践活动采取什么方式？[单选题][必答题]

○课堂实践和课外实践相结合

○只有课堂实践

○只有课外实践

○没有实践活动，只局限于书本

35.您所学习的思想政治理论课的课堂实践形式都有哪些？[多选题][必答题]

○演讲

○辩论

○朗诵

○访谈

○情景剧

○微视频

○微电影

○其他

36.您更喜欢以下哪些思想政治理论课课堂实践形式？[多选题][必答题]

○演讲

○辩论

〇朗诵

〇访谈

〇情景剧

〇微视频

〇微电影

〇其他

37.您所学习的思想政治理论课的课外社会实践形式都有哪些？[多选题][必答题]

〇参观有教育意义的景区、实践基地等

〇观看有教育意义的影片

〇参加相关文艺活动

〇走进农村、社区和企业，亲身体验

〇其他

38.您更喜欢哪些思想政治理论课课外社会实践方式？[多选题][必答题]

〇参观有教育意义的景区、实践基地等

〇观看有教育意义的影片

〇参加相关文艺活动

〇走进农村、社区和企业，亲身体验

〇其他

39.从课时、考核、资源等方面来看，您认为与其他课程相比学校对思想政治理论课是否重视？[单选题][必答题]

〇十分重视

〇重视，但不充分

〇不重视

40.您的家长对学校的思想政治理论课是否有认知？[单选题][必答题]

〇非常了解

〇知道其存在但不是很清楚其内涵

〇一无所知

41. 您的家长知道思想政治理论课的内容后，对其持什么样的态度？[单选题][必答题]

〇十分有必要的课程

〇没有太大意义的课程

〇只会占用学习时间，弊大于利

42. 请写下您对高校开设思想政治理论课的意见和建议：

主要参考文献

《马克思恩格斯选集》第1～4卷，人民出版社2012年版。

《习近平谈治国理政》，外文出版社2014年版。

《习近平谈治国理政》第2卷，外文出版社2017年版。

中共中央宣传部：《习近平总书记系列重要讲话读本》，学习出版社、人民出版社2016年版。

中共中央文献研究室编：《十八大以来重要文献选编》(上)，中央文献出版社2014年版。

中共中央文献研究室编：《中国共产党第十九次全国代表大会文件汇编》，人民出版社2017年版。

《中共中央、国务院关于进一步加强和改进大学生思想政治教育的意见》，2004年10月15日。

《中共中央、国务院关于加强和改进新形势下高校思想政治工作的意见》，2017年2月27日。

《中共中央办公厅、国务院办公厅关于进一步加强和改进新形势下高校宣传思想工作的意见》，2015年1月19日。

习近平：《紧跟党走在时代前列　走在青年前列　在实现中华民族伟大复兴的征途中续写新光荣》，载《人民日报》2013年6月21日。

习近平：《在知识分子、劳动模范、青年代表座谈会上的讲话》，载《人民日报》2016年4月30日。

习近平:《在哲学社会科学工作座谈会上的讲话》,2016 年 5 月 8 日,新华网,http://www.xinhuanet.com//politics/2016-15/18c_1118891128.htm。

习近平:《把思想政治工作贯穿教育教学全过程 开创我国高等教育事业发展新局面——在全国高校思想政治工作会议上的讲话》,2016 年 12 月 8 日,新华网,http://www.xinhuanet.com/politics/2016-12/08/c_1120082577.htm。

《习近平主持召开学校思想政治理论课教师座谈会》,2019 年 3 月 18 日,http://www.gov.cn/xinwen/2019-03/18/content_5374831.htm?tdsourcetag=s_pcqq_aiomsg。

杨伯峻译注:《论语译注》,岳麓书社 2009 年版。

杨立民译评:《孟子》,吉林文史出版社 2007 年版。

张觉校注:《荀子》,岳麓书社 2006 年版。

(清)毕沅校注、吴旭民校点:《墨子》,上海古籍出版社 2014 年版。

陈万柏、张耀灿主编:《思想政治教育学原理》(第 3 版),高等教育出版社 2005 年版。

郑永廷:《思想政治教育方法论》(第 2 版),高等教育出版社 2010 年版。

顾海良:《高校思想政治理论课程建设研究》,中国人民大学出版社 2016 年版。

阎占定:《高校思想政治理论课实效性研究》,华中师范大学出版社 2010 年版。

骆郁廷:《高校思想政治理论课教学评价新探》,中国社会科学出版社 2011 年版。

陈锡喜主编:《平易近人——习近平的语言力量》,上海交通大学出版社 2014 年版。

贾康主编:《供给侧改革理论实践与思考》,商务印书馆 2016 年版。

沈壮海:《思想政治教育有效性研究》(第 3 版),武汉大学出版社 2016 年版。

郭凤志、张澍军:《思想政治理论课教学改革研究与实践》,沈阳出版社 2013 年版。

吴文新、郝书翠主编:《探索培育信仰之道——山东大学(威海)思想政治理论课教学探索文萃》,山东大学出版社 2016 年版。

郦波:《五百年来王阳明》,上海人民出版社 2017 年版。

于永昌、刘宇、王冠乔:《大数据时代的教育》,北京师范大学出版社 2015 年版。

[英]维克托・迈尔—舍恩伯格、肯尼思・库克耶:《大数据时代》,盛杨燕、周涛译,浙江人民出版社 2013 年版。

艾四林:《慕课:高校思想政治理论课的机遇与挑战》,载《北京教育・德育》2014 年第 10 期。

安宝洋:《大数据时代的网络信息伦理治理研究》,载《科学学研究》2015 年第 5 期。

白迪:《大数据时代高校思想政治理论课教学研究》,载《高教论坛》2014 年第 10 期。

陈秉公:《试论思想政治理论课教材体系向教学体系转化的规律性》,载《思想理论教育导刊》2008 年第 9 期。

陈大文、刘一睿:《高校思想政治理论课教师队伍建设若干保障制度解读》,载《思想理论教育》2009 年第 1 期。

陈慧女:《新媒体环境下高校思想政治理论课教学网络阵地拓展探析》,载《思想理论教育导刊》2014 年第 11 期。

陈锡喜:《方法・智慧・德性——论思想政治理论课教材体系向教学体系的有效转换》,载《思想理论教育》2010 年第 5 期。

陈媛:《高校思想政治理论课"翻转课堂"的理论阐释与实践反思》,载《思想理论教育导刊》2015 年第 12 期。

崔海英:《大数据时代高校网络思想政治教育的价值维度与实现方式》,载《黑龙江高教研究》2015 年第 3 期。

范丹卉、袁本文:《互动式教学法优化高校思想政治理论课教学的实现机理》,载《思想教育研究》2011 年第 5 期。

方宏建、杜亮:《以微博为载体开展大学生思想政治教育探析》,载《国家教育行政学院学报》2011 年第 1 期。

冯刚:《增强高校思想政治教育持续发展的内生动力》,载《中国高等教育》2017 年 Z1 期。

冯秀军:《用"问题链"打造含量高、获得感强的思政课》,载《中国高等教育》2017 年第 11 期。

顾海良、张雷声:《改革开放以来高校思想政治理论课教师队伍建设概论》,载《教师教育学报》2014 年第 1 期。

顾友仁:《当代中国青年成才观——基于习近平总书记关于当代中国青年成才系列重要论述的维度》,载《社会科学家》2015 年第 4 期。

顾钰民:《完善教学人才培养培训关键在于制度创新》,载《思想理论教育导刊》2015 年第 2 期。

顾钰民:《高校思想政治理论课改革"慕课热"以后的"冷思考"》,载《思想理论教育导刊》2016 年第 1 期。

韩喜平、周颖:《习近平关于青年成长思想研究》,载《思想教育研究》2016 年第 3 期。

郝连儒:《习近平讲话的语言风格对高校思想政治理论课话语体系建设的启示》,载《思想理论教育导刊》2017 年第 9 期。

郝书翠:《高校思想政治理论课实践教学中教师点评的作用及运用技巧》,载《思想理论教育导刊》2016 年第 8 期。

胡水星:《大数据及其关键技术的教育应用实证分析》,载《远程教育杂志》2015 年第 5 期。

胡子祥、余姣:《大数据时代思想政治教育载体变革及对策研究》,载

《思想教育研究》2015 年第 2 期。

黄明理:《如何理解“理论上彻底才能说服人”》,载《新华日报》2016 年 7 月 19 日。

黄蓉生:《着力增强大学生思想政治教育的针对性实效性》,载《思想理论教育导刊》2015 年第 4 期。

黄蓉生、白云华:《新时期青年思想政治教育工作的行动指南——学习习近平总书记关于青年教育的论述》,载《思想理论教育导刊》2016 年第 6 期。

黄蓉生、崔健:《社会主义核心价值观之于青年的战略意义——学习习近平总书记“青年要自觉践行社会主义核心价值观”讲话体会》,载《思想理论教育》2016 年第 9 期。

黄蓉生、李栋宣:《高校思想政治理论课教师“四有特质”时代论析》,载《思想理论教育导刊》2015 年第 12 期。

黄蓉生、石海君:《党的十八大以来习近平青年论述浅析》,载《思想教育研究》2016 年第 8 期。

黄蓉生、孙楚杭:《构建高校实践育人长效机制的思考》,载《中国高等教育》2012 年 Z1 期。

靳诺:《高校思想政治工作的顶层设计和根本依循》,载《学习时报》2016 年 12 月 15 日。

李立坚:《大数据时代高校思想政治理论课教学创新研究》,载《文史博览》2016 年第 6 期。

李梁:《问域和答域:基于问题逻辑的思想政治理论课教学研究》,载《思想理论教育》2011 年第 13 期。

李梁:《关于高校思想政治理论课“微课程”教学的若干思考》,载《思想理论教育》2014 年第 3 期。

李梁:《“慕课”视域下深化思想政治理论课教学改革的若干思考》,载《思想理论教育导刊》2014 年第 12 期。

李林英、郭丽萍:《新媒体环境下思想政治理论课教育教学新途径》,载《思想教育研究》2011年第7期。

李鹏、王艳杰:《互联网时代高校思想政治教育工作探究》,载《学校党建与思想教育》2015年第6期。

李素芳、徐华伟:《刍议MOOC对高校思想政治理论课教学的影响》,载《思想政治教育研究》2015年第4期。

李秀芳、梁永田:《把国家、社会和学生三者需求结合起来是提升思想政治理论课实效性的关键》,载《教育教学论坛》2018年第13期。

刘辉:《大数据时代思想政治教育的微传播化》,载《思想理论教育》2014年第6期。

刘震、曹泽熙:《"慕课"时代思想政治理论课的挑战和机遇》,载《思想理论教育导刊》2014年第11期。

卢黎歌:《试论高校思想政治理论课教材体系向教学体系的转化》,载《教学与研究》2009年第11期。

骆郁廷:《高校思想政治理论课建设的规律性初探》,载《思想理论教育导刊》2007年第3期。

马建青、顾青青:《"微"时代创新高校网络思想政治教育的思考》,载《思想理论教育》2014年第8期。

马静:《供给侧视域下思想政治理论课教学改革的双重维度》,载《教育评论》2016年第10期。

曲建武、张雪飞:《增强思想政治理论课教学实效性的新思考》,载《思想理论教育导刊》2010年第5期。

任春华、庞达:《大数据时代高校思想政治理论课教学模式变革研究》,载《渭南师范学院学报》2016年第22期。

佘双好:《构建与课堂教学相互促进的思想政治理论课实践教学体系》,载《思想理论教育导刊》2015年第11期。

沈壮海:《专题概述:构建系统呈现大学生思想状况的大数据》,载

《思想教育研究》2015 年第 11 期。

侍旭:《高校思政教育也应有“供给侧改革”思维》,载《光明日报》2016 年 3 月 16 日。

孙英:《高校思想政治理论课教学供给侧改革论析》,载《思想理论教育导刊》2017 年第 5 期。

汤涛:《略论供给侧改革视野下高校思想政治教育的协同创新》,载《学校党建与思想教育》2017 年第 2 期。

王民忠:《高校思想政治教育运用大数据分析的多维路径》,载《思想理论教育》2016 年第 5 期。

王寿林:《大数据时代高校思想政治教育方法创新研究》,载《思想政治教育研究》2015 年第 6 期。

王树荫、石亚玲:《论提升思想政治教育的着力点》,载《思想理论教育》2015 年第 7 期。

王双群:《新媒体环境下思想政治理论课教学方法创新的思考》,载《思想理论教育导刊》2015 年第 11 期。

王天恩:《问题逻辑与思想政治理论课教学》,载《思想理论教育》2011 年第 11 期。

王天恩:《问题反馈式思想政治理论课教学模式探索》,载《思想理论教育》2012 年第 1 期。

王学俭、杜敏:《高校思想政治教育供给侧改革探讨》,载《思想理论教育导刊》2017 年第 6 期。

吴潜涛:《把握好教材修订内容　有效实现教材体系向教学体系转化》,载《思想理论教育导刊》2015 年第 10 期。

吴维忆:《云端的霸权——“大数据时代”的双重隐喻批判》,载《探索与争鸣》2015 年第 1 期。

肖慧:《高校辅导员与思政课教师协同育人的实践与思考》,载《学校党建与思想教育》2015 年第 11 期。

徐蓉:《慕课与思想政治理论课教学生态的优化》,载《思想理论教育》2014 年第 5 期。

鄢奋:《高校思想政治理论课参与式教学方法的设计原则》,载《思想理论教育导刊》2013 年第 3 期。

杨慧民:《高校思想政治理论课教学案例多媒体化呈现的创新设计》,载《思想理论教育导刊》2007 年第 3 期。

杨慧民:《高校思想政治理论课案例教学操作模式探析——以"一切从实际出发"教学内容为课例》,载《思想理论教育导刊》2010 年第 11 期。

杨慧民:《关于编写〈高校思想政治理论课案例教学课例研究〉的几点思考》,载《思想理论教育导刊》2012 年第 10 期。

杨敏:《微信对大学生思想政治教育的挑战及应对策略研究》,载《思想理论教育》2012 年第 6 期。

杨晓慧:《习近平青年价值观教育思想论要》,载《马克思主义研究》2017 年第 11 期。

杨志峰:《高校思想政治课混合式学习的设计和应用》,华中师范大学硕士学位论文,2009 年 5 月。

杨志超:《高校思想政治理论课混合式教学模式的建构路径探析》,载《思想教育研究》2016 年第 6 期。

叶承芳:《MOOC 对思想政治理论课教学的挑战与启示》,载《思想教育研究》2015 年第 2 期。

易雪琴:《教育供给侧改革应把握三个方面》,载《河南日报》2016 年 6 月 24 日。

袁本文:《互动式教学是提升思想政治理论课实效的重要支点》,载《北京教育·德育》2012 年 Z1 期。

袁本文、范丹卉:《主体差异性对思想政治理论课互动式教学效果的影响——基于"毛泽东思想和中国特色社会主义理论体系概论"课程的实证研究》,载《思想理论教育导刊》2011 年第 5 期。

袁媛:《供给侧变革:少数民族大学生思想政治教育的基本策略》,载《贵州民族研究》2016 年第 3 期。

张宝君:《“90 后”大学生心理特点解析与对策》,载《思想理论教育导刊》2010 年第 4 期。

张宝君:《“精准供给”视域下高校思想政治理论课教学现实反思与策略》,载《思想理论教育导刊》2017 年第 8 期。

张磊:《试析唐甄的理想国》,载《西南大学学报(社会科学版)》2011 年第 6 期。

张澍军:《论“立德树人”根本任务与思想政治教育学科建设使命》,载《思想教育研究》2013 年第 7 期。

赵浚:《大数据创新高校思想政治教育方法的探析与应用》,载《贵州社会科学》2016 年第 3 期。

郑琼梅:《习近平总书记语言风格对思想政治理论课教学的启示》,载《学校党建与思想教育》2015 年第 8 期。

后 记

本书是山东省社会科学规划课题思政专项课题的研究成果。笔者参加工作以来一直从事高校思想政治教育工作，虽然时日尚短，但是在几年的教学过程中，关于思政课如何能入脑入心，如何能让学生喜欢、触动和启发学生、如何做好价值引领等问题一直萦绕于心。大学教育的根本任务是立德树人，思政课是落实这一根本任务的关键课程，大学时期是青年树立正确的世界观、人生观、价值观的关键时期，思政课就是要做好处于“拔节孕穗期”的青年的引导和栽培工作。作为思政课教师，我深感责任重大。党的十八大以来，以习近平同志为核心的党中央高度重视高校思想政治教育工作，作出了一系列部署，各地区各部门各高校都积极采取了措施，推动工作的开展，一些高校教师创造性地提出了许多成功的做法，总结和积累了许多可借鉴的宝贵经验。然而，当前高校思想政治教育工作也存在着一些急需解决的问题，如何针对当代学生的思想、心理、行为等特点，结合社会和学生需求，同时遵循教育规律、思想政治教育规律和学生成长规律，从供给方——教师入手，提高思政课质量，减少无效供给和冗余供给，提高课程的针对性、精准性、有效性，是非常值得我们深思和探讨的问题。因此，我选取了高校思政课供给侧改革的问题作为研究对象，希望通过我的研究为解决上述问题贡献自己的力量，并在我的教学中不断增强课程的亲和力、吸引力，以积极的行动影响学生、引导学生，做学生成长成才的良师益友。

很幸运，我的研究申请获得了山东省社会科学规划课题立项。在项目论证和研究过程中，我得到了领导、专家、同事和朋友的鼓励、支持、指导和帮助，真诚地感谢他们！我所在的山东大学马克思主义学院（威海）在教学改革方面做了许多努力，取得了显著的成绩，创新了思政课内容和实践形式，实行了专题教学，引入了新媒体新技术，不断创新课堂实践模式，做实课外实践活动，将课堂延伸至课外，举办正能量歌曲大赛、政治风采大赛等活动，充分调动学生学习和实践的主动性和积极性。这为我的研究提供了良好的借鉴，感谢院里的各位同仁！还要感谢我的学生们，他们在课上课下积极思考，主动与我交流沟通，给予我很大的启发，感谢李明欣等同学认真地做好调研以及调研结果的整理工作！

本书借鉴和吸收了许多专家学者的研究成果，有些在注释和参考文献中已经列出，他们的思想和学术见解给我提供了广阔的视野和深深的启迪，感谢他们！

衷心感谢山东大学出版社的编辑谭学秋博士。谭编辑工作认真、仔细、负责，在本书出版过程中，谭编辑给予了我很大的支持和帮助，使本书得以顺利出版。

由于本人的学识和文字能力有限，本书谬误之处，真诚地恳请各位专家、学者、同仁批评指正！

张　磊

2019年3月